# CONTEÚDO DIGITAL PARA ALUNOS

Cadastre-se e transforme seus estudos em uma experiência única de aprendizado:

1

Entre na página de cadastro:

**www.editoradobrasil.com.br/sistemas/cadastro**

2

Além dos seus dados pessoais e dos dados de sua escola, adicione ao cadastro o código do aluno, que garantirá a exclusividade do seu ingresso à plataforma.

1316315A2241665

3

Depois, acesse:

**www.editoradobrasil.com.br/leb**

e navegue pelos conteúdos digitais de sua coleção **:D**

*Lembre-se de que esse código, pessoal e intransferível, é valido por um ano. Guarde-o com cuidado, pois é a única maneira de você acessar os conteúdos da plataforma.*

LUIZ ROBERTO
DANTE

# RACIOCÍNIO E CÁLCULO MENTAL

## ATIVIDADES DE MATEMÁTICA

5

ENSINO
FUNDAMENTAL

**Dados Internacionais de Catalogação na Publicação (CIP)**
**(Câmara Brasileira do Livro, SP, Brasil)**

Dante, Luiz Roberto
Raciocínio e cálculo mental : atividades de matemática 5: ensino fundamental/Luiz Roberto Dante. – São Paulo: Editora do Brasil, 2019.

ISBN 978-85-10-07462-9 (aluno)
ISBN 978-85-10-07463-6 (professor)

1. Atividades e exercícios (Ensino fundamental) 2. Matemática (Ensino fundamental) 3. Raciocínio e lógica I. Título.

19-26396 CDD-372.7

**Índices para catálogo sistemático:**
1. Matemática : Ensino fundamental 372.7
Maria Alice Ferreira - Bibliotecária - CRB-8/7964

**Direção-geral:** Vicente Tortamano Avanso

**Direção editorial:** Felipe Ramos Poletti
**Gerência editorial:** Erika Caldin
**Supervisão de arte e editoração:** Cida Alves
**Supervisão de revisão:** Dora Helena Feres
**Supervisão de iconografia:** Léo Burgos
**Supervisão de digital:** Ethel Shuña Queiroz
**Supervisão de controle de processos editoriais:** Roseli Said
**Supervisão de direitos autorais:** Marilisa Bertolone Mendes

**Supervisão editorial:** Rodrigo Pessota
**Consultoria técnica:** Clodoaldo Pereira Leite
**Edição:** Rodolfo da Silva Campos e Sônia Scoss Nicolai
**Assistência editorial:** Cristina Perfetti e Erica Aparecida Capasio Rosa
**Copidesque:** Ricardo Liberal
**Revisão:** Alexandra Resende, Elaine Cristina da Silva, Marina Moura e Martin Gonçalves
**Pesquisa iconográfica:** Isabela Meneses
**Assistência de arte:** Letícia Santos
**Design gráfico:** Andrea Melo e Talita Lima
**Capa:** Andrea Melo e Cida Alves
**Edição de arte:** Andrea Melo e Renné Ramos
**Imagem de capa:** CasarsaGuru/iStockphoto.com
**Ilustrações:** Adolar, Cláudia Marianno, Dayane Cabral Raven e João P. Mazzoco
**Produção cartográfica:** DAE (Departamento de Arte e Editoração),
**Coordenação de editoração eletrônica:** Abdonildo José de Lima Santos
**Editoração eletrônica:** Viviane Yonamine
**Licenciamentos de textos:** Cinthya Utiyama, Jennifer Xavier, Paula Harue Tozaki e Renata Garbellini
**Produção fonográfica:** Jennifer Xavier e Cinthya Utiyama
**Controle de processos editoriais:** Bruna Alves, Carlos Nunes, Rafael Machado e Stephanie Paparella

1ª edição / 3ª impressão, 2023
Impresso no Parque Gráfico da Pifferprint

Rua Conselheiro Nébias, 887
São Paulo, SP – CEP 01203-001
Fone: +55 11 3226-0211
www.editoradobrasil.com.br

# APRESENTAÇÃO

Raciocínio lógico e cálculo mental são ferramentas que desafiam a curiosidade, estimulam a criatividade e nos ajudam na hora de resolver problemas e enfrentar situações desafiadoras.

Neste projeto, apresentamos atividades que farão você perceber regularidades ou padrões, analisar informações, tomar decisões e resolver problemas. Essas atividades envolvem números e operações, geometria, grandezas e medidas, estatística, sequências, entre outros assuntos.

Esperamos contribuir para sua formação como cidadão atuante na sociedade.

Bons estudos!

O autor

# SUMÁRIO

## ATIVIDADES

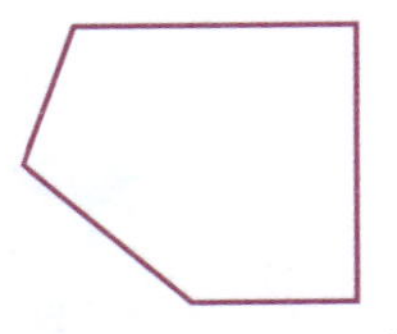
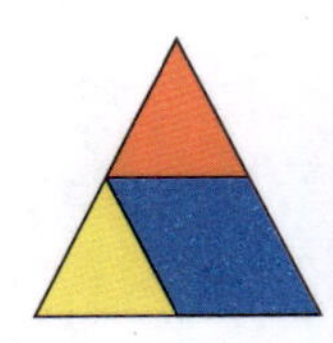

# CAMISETAS, BERMUDAS, CORES E MENINOS

João, Pedro e Mauro foram a uma festa usando estas camisetas e bermudas.

Veja as cores:

Descubra como cada um se vestiu e pinte as camisetas e bermudas nas imagens a seguir.

- Nenhum deles usou camiseta e bermuda da mesma cor.
- João não usou a cor verde.
- Pedro não usou a cor marrom.
- A camiseta de João e a bermuda de Pedro eram da mesma cor.

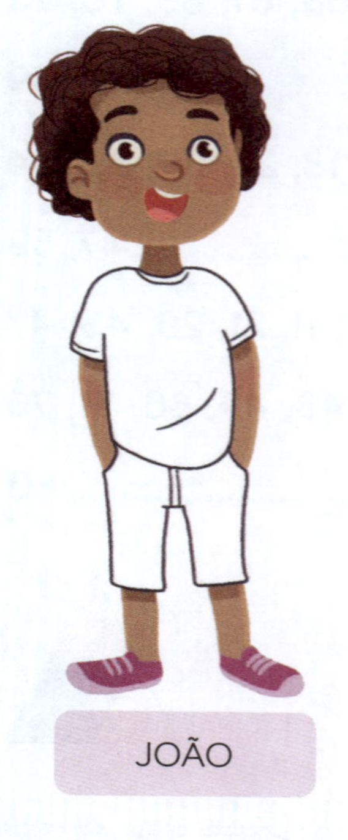

## QUE SÓLIDO GEOMÉTRICO, REGIÃO PLANA OU CONTORNO SOU EU?

Em cada item, observe as figuras do quadro e escreva a letra da figura citada.

- Sou um poliedro de 6 faces e 12 arestas.

  Minha letra é a: ______.

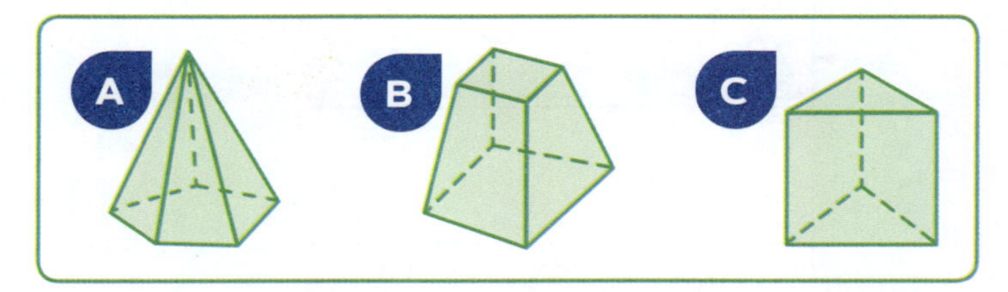


- Sou uma região plana hexagonal.

  Minha letra é: ______.

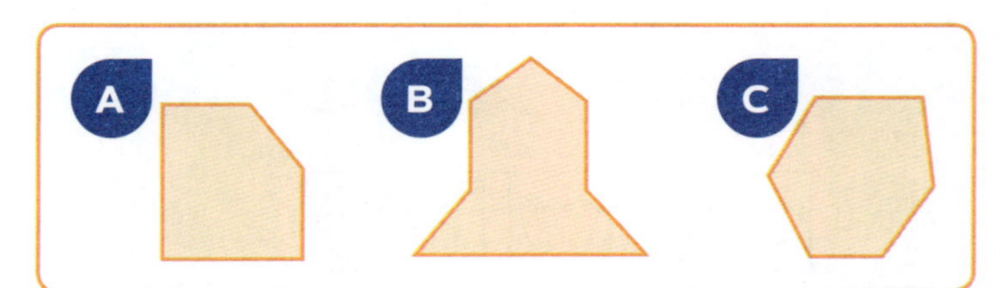


- Sou um contorno, mas não sou um polígono.

  Minha letra é: ______.

- Sou um cilindro.

  Minha letra é: ______.

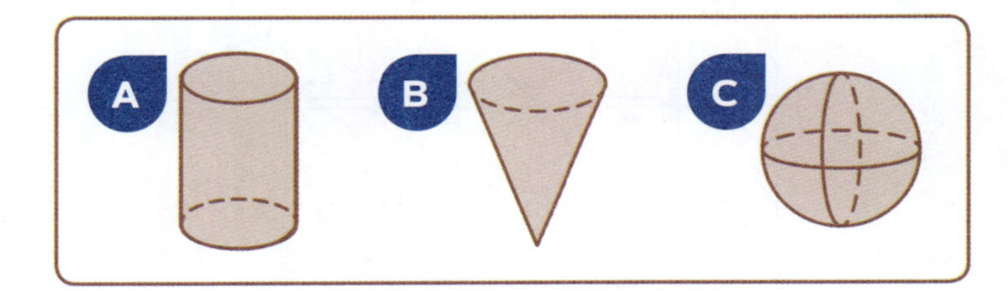


- Sou um polígono regular.

  Minha letra é: ______.

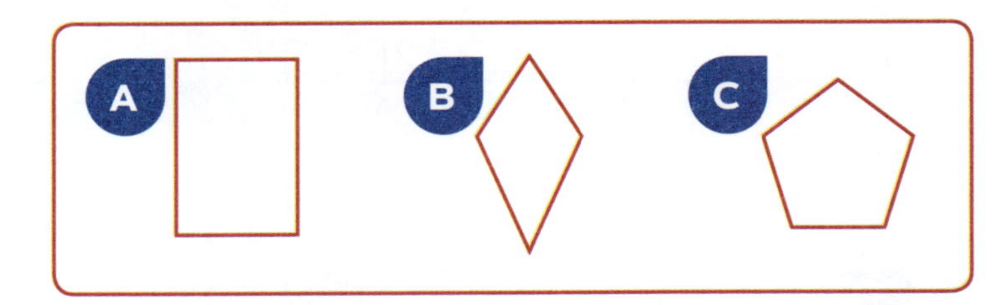


## SEQUÊNCIA: VAMOS COMPLETAR?

Descubra a regularidade para completar a sequência.

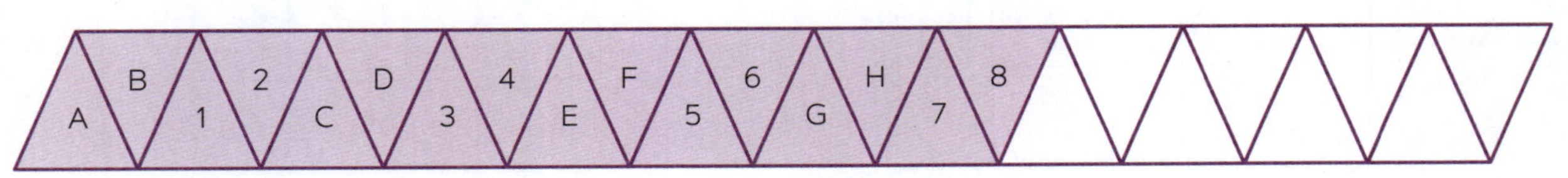

# LOCALIZAÇÃO DE LINHAS E COLUNAS

Observe as linhas e colunas desenhadas abaixo, cada uma está indicada por uma letra.

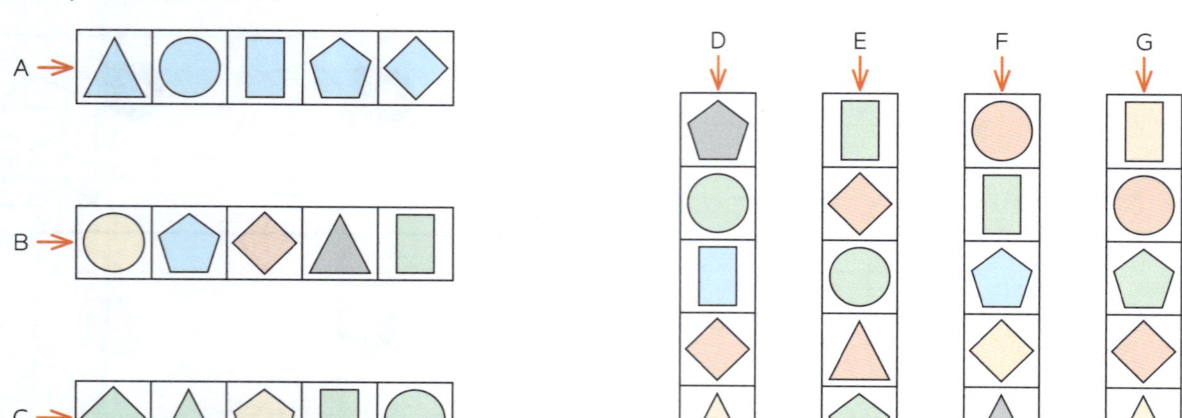


Localize cada uma delas nos quadros abaixo e indique-as com a letra que corresponde a cada um deles, conforme o modelo feito com a coluna **G**.

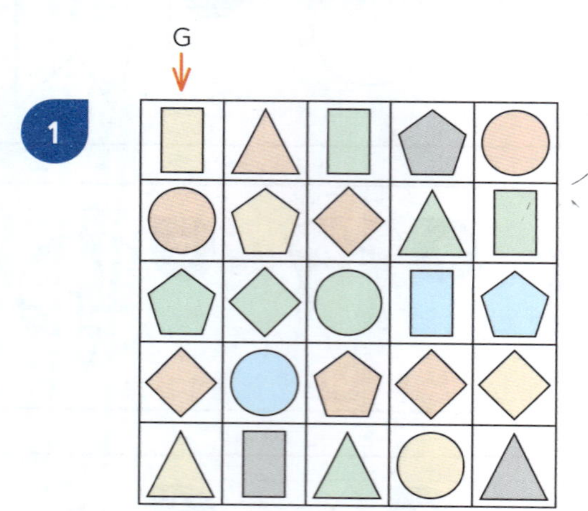


3

# ESTIMATIVA E CÁLCULO MENTAL: QUAL É A SEQUÊNCIA DO CAMPEÃO?

Em um jogo, cada participante ficou com uma das quatro sequências que aparecem abaixo.

O campeão foi aquele que, no final, chegou a um número ímpar entre 15 e 20.

- Inicialmente, analise as sequências, faça uma estimativa e circule a letra da sequência que você julgar que é a do campeão.
- Agora, complete os ◯ conforme a sequência e pinte o ◯ final da sequência do campeão.

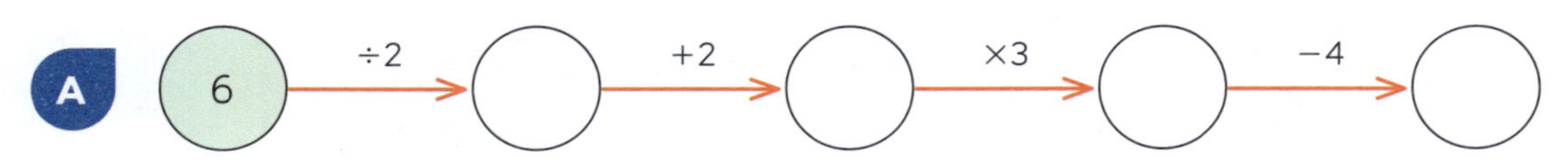


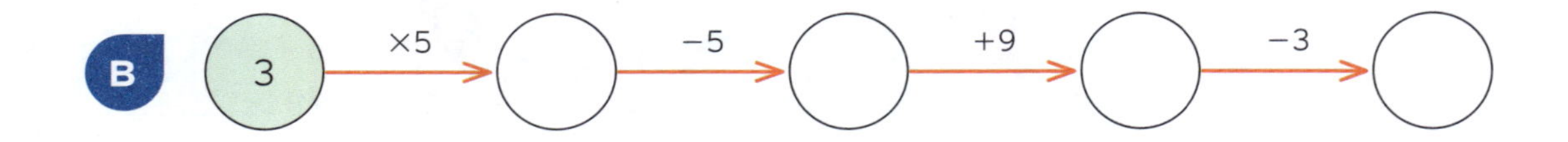


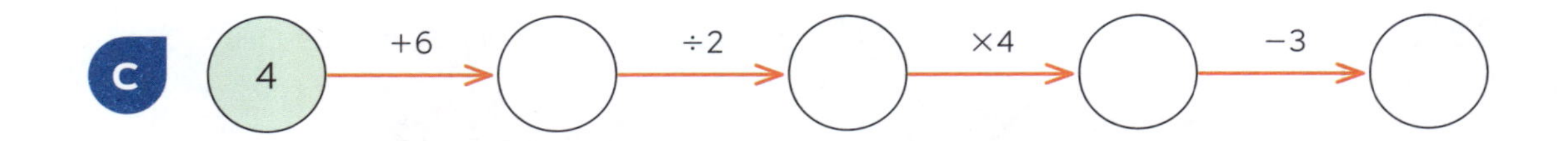


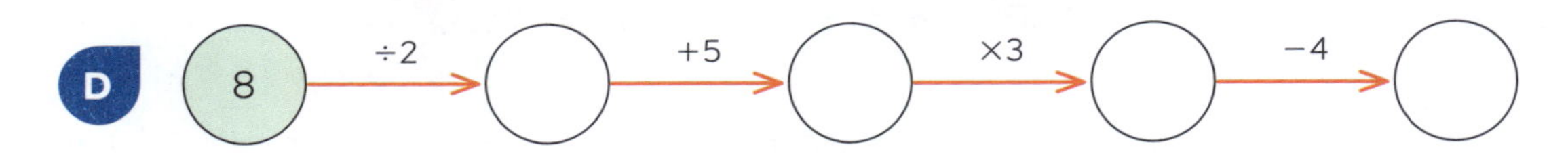


- Agora, assinale como foi sua estimativa:

☐ Acertei. ☐ Cheguei perto. ☐ Não cheguei perto.

## DESCUBRA E RESPONDA!

Qual é o menor número possível de alunos em uma sala de aula para que se tenha a certeza de que 3 ou mais alunos fazem aniversário no mesmo mês?

______________________________________

______________________________________

# A VIAGEM DOS CAMINHONEIROS

Rubens, Aldo, Hélio e Paula são caminhoneiros.
Veja a viagem que cada um deles fez em certo dia:

**a)** Rubens fez uma viagem que durou 5 horas e meia.
Observe, no relógio abaixo, o horário de partida de Rubens. Em seguida, desenhe no segundo relógio os ponteiros para registrar o horário em que o caminhoneiro chegou ao seu destino.

Partida.

Chegada.

**b)** Aldo fez uma viagem que durou 3 horas e 20 minutos.
Observe o horário de chegada dele e registre o horário de partida.

Partida.

Chegada.

**c)** Observe o horário de partida e de chegada de Hélio e registre o tempo de duração de sua viagem:

______ horas e ______ minutos.

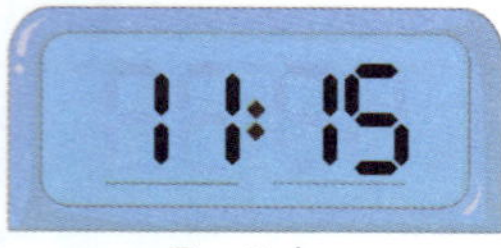

Partida.

Chegada.

**d)** Paula partiu às 8 horas e chegou ao seu destino às 14 horas e 20 minutos.
No meio da viagem ela fez uma parada.
Registre os três momentos nos relógios abaixo:

Partida.

Partida.

Chegada.

## DOIS DESAFIOS

**1.** Angelina fez um colar de contas usando um padrão de regularidade na distribuição das cores azul e vermelha.
Na figura abaixo, parte do colar está coberta por um lenço.

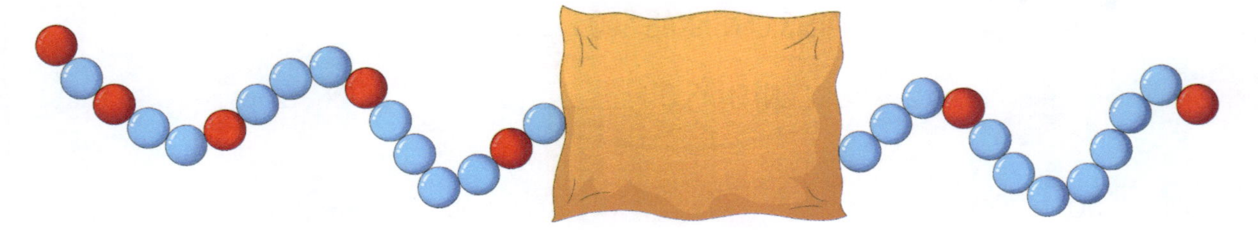

Descubra o padrão ou regularidade usado por Angelina, e calcule o número de contas para responder às questões.

**a)** Quantas contas do colar estão cobertas? ______

Destas, quantas são azuis? ______

Quantas são vermelhas? ______

**b)** O colar tem quantas contas ao todo? ______

Quantas dessas contas são azuis? ______

Quantas são vermelhas? ______

**2.** Marcos fez um paralelepípedo com cubos brancos. Depois, ele usou tinta verde e pintou todas as faces do paralelepípedo.

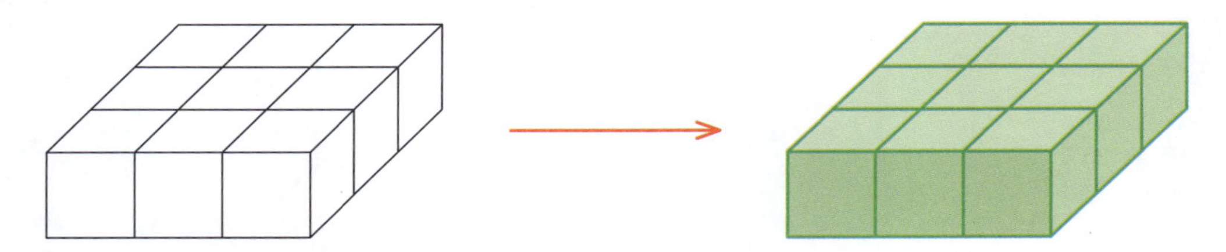

Depois da pintura, os cubos foram separados. Responda:

**a)** Quantos cubos têm 2 faces pintadas de verde? ______________________

**b)** Quantos cubos têm exatamente 3 faces pintadas de verde? __________

**c)** Quantos cubos têm exatamente 4 faces pintadas de verde? __________

**d)** Quantos cubos têm exatamente 5 faces pintadas de verde? ____________

## CÁLCULO MENTAL: ADIÇÃO

Siga o roteiro indicado pelos alunos e complete as lacunas.

a) 600 + 300

Logo, 600 + 300 = _________.

b) 2 000 + 586

Logo, 2 000 + 586 = _________.

c) 45 379 + 500

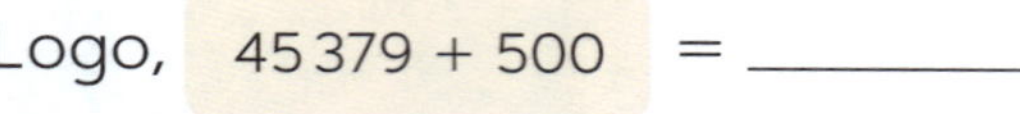

Logo, 45 379 + 500 = _________.

d) 15 873 + 300

Logo, 15 873 + 300 = _________.

e) 327 + 197

Logo, 327 + 197 = _________.

f) 7 243 + 526

Logo, 7 243 + 526 = _________.

# CÁLCULO MENTAL: SUBTRAÇÃO

Siga o raciocínio indicado e complete as lacunas.

a) 800 – 500 : ________ centenas – ________ centenas = ________ centenas ou ________

800 – 500 = [ ]

b) 76 549 – 5 000

Tiro 5 milhares dos 6 milhares de 76 549.

76 549 – 5 000 = [ ]

c) 2 528 – 30

Volto 30, de 10 em 10, e obtenho ________, ________, ________.

2 528 – 30 = [ ]

d) 463 – 125

Tiro 100, tiro 20, tiro 3 e tiro 2 e obtenho, respectivamente, ________, ________, ________ e ________.

463 – 125 = [ ]

e) 5 845 – 998

Tiro 1000 e depois somo 2, obtendo ________ e ________, respectivamente.

5 845 – 998 = [ ]

f) 950 – 70

Tiro 50 e depois tiro 20, obtendo ________ e ________, respectivamente.

950 – 70 = [ ]

# CÁLCULO MENTAL EM QUADRADOS MÁGICOS

Você sabe o que é um quadrado mágico?
É um quadrado como este ao lado, no qual a soma dos números é a mesma em todas as linhas, colunas e diagonais. Neste exemplo, 33 é a soma mágica.

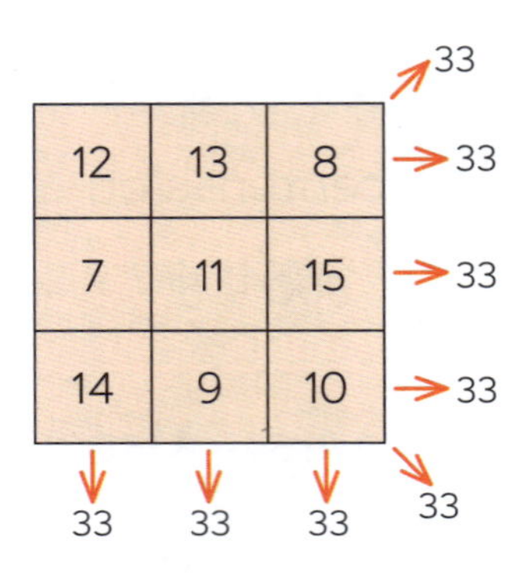

| 12 | 13 | 8 |
|---|---|---|
| 7 | 11 | 15 |
| 14 | 9 | 10 |

a) Faça os cálculos mentalmente, verifique e assinale qual destes três é um quadrado mágico.

| 10 | 5 | 6 |
|---|---|---|
| 3 | 7 | 11 |
| 8 | 4 | 9 |

| 10 | 5 | 6 |
|---|---|---|
| 3 | 7 | 11 |
| 8 | 9 | 4 |

| 10 | 5 | 6 |
|---|---|---|
| 3 | 7 | 4 |
| 8 | 9 | 11 |

b) Coloque os números naturais de 3 a 9 nos quadrinhos vazios para obter um quadrado mágico com soma mágica 15.

|   |   | 2 |
|---|---|---|
| 1 |   |   |
|   |   |   |

c) Complete com os números que faltam para que a figura ao lado seja um quadrado mágico.

Sua soma mágica é ____________.

| 4 |   | 14 | 1 |
|---|---|---|---|
|   | 6 |   | 12 |
|   | 10 | 11 |   |
| 16 |   |   | 13 |

# A EQUIPE DE BASQUETE DO 5º ANO

Veja abaixo a medida da altura de cada um dos cinco jogadores da equipe de basquete do 5º ano da escola de Jonas.

1 m e 47 cm

1 m e 42 cm

1 m e 50 cm

1 m e 44 cm

1 m e 48 cm

Analise agora duas informações a seguir:

- Rafael é mais alto do que Mário e mais baixo do que Danilo.
- Jonas é mais alto do que Artur e mais baixo do que Mário.

Escreva o nome e a medida de altura de cada jogador. Mas atenção: coloque as medidas na ordem crescente.

________ ________ ________ ________ ________

________ ________ ________ ________ ________

# FAIXA DECORATIVA: VAMOS COMPLETAR?

Descubra a regularidade para completar a faixa.

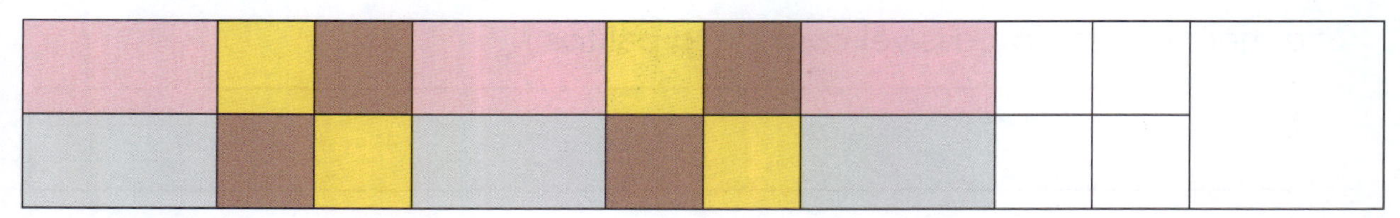

# PALITOS E NUMERAÇÃO ROMANA

Paula representou alguns números com a numeração romana usando palitos de sorvete. Veja como ela registrou o que fez com:

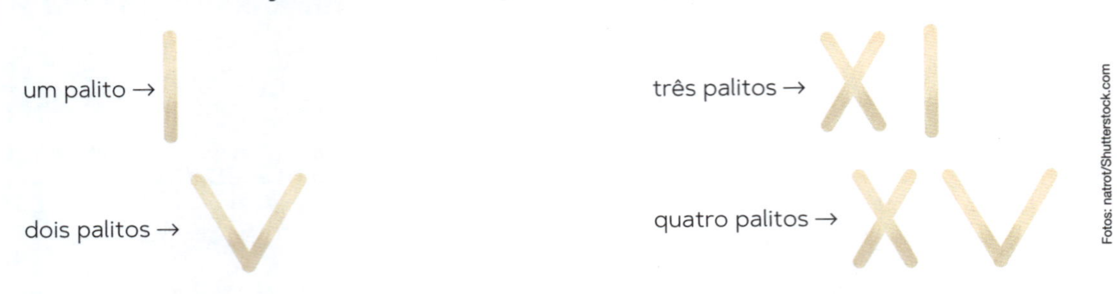


Fotos: natrot/Shutterstock.com

Use palitos para representar os números indicados abaixo de forma que sejam diferentes dos mostrados por Paula. Depois, registre-os.

a) um número com dois palitos

b) um número ímpar com três palitos

c) um número par com três palitos

d) outro número par com três palitos

e) todos os números até 20, com quatro palitos em cada um

f) o menor número possível com cinco palitos

# QUAIS SÃO AS PESAGENS CORRETAS? VAMOS DESCOBRIR?

Observe o desenho das cinco caixas coloridas com seus respectivos pesos.

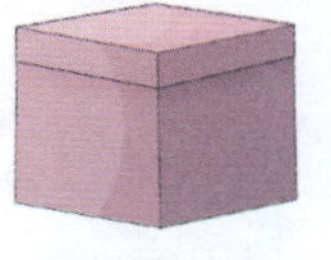
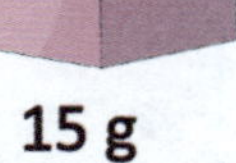

**15 g**

**10 g**

**20 g**

**10 g**

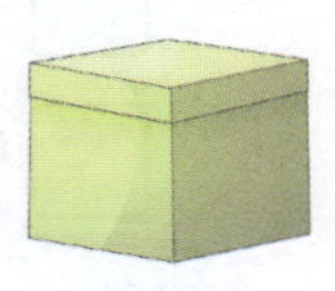

**15 g**

Assinale o desenho das balanças que registram pesagens corretas.

A

B

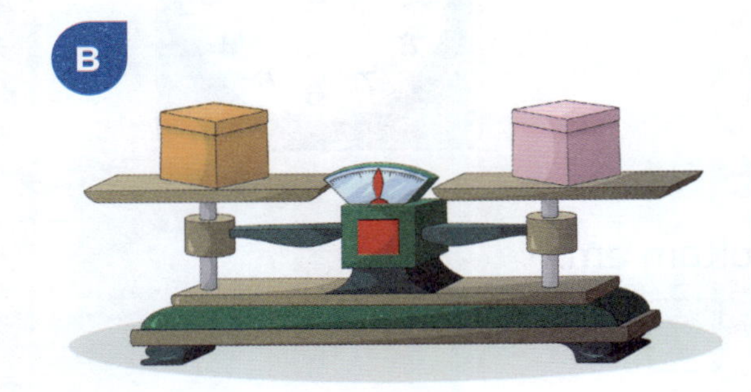

C

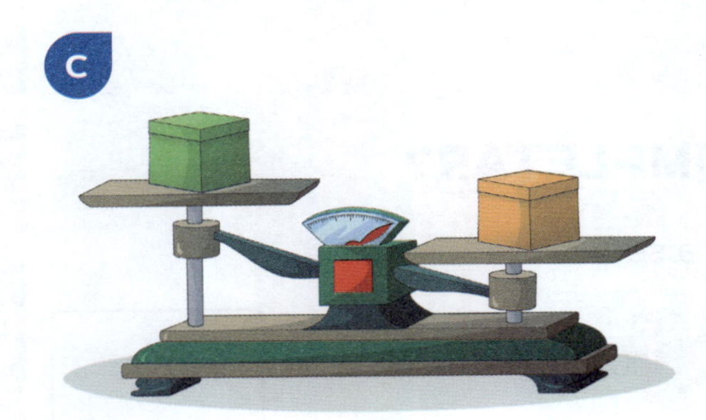

D

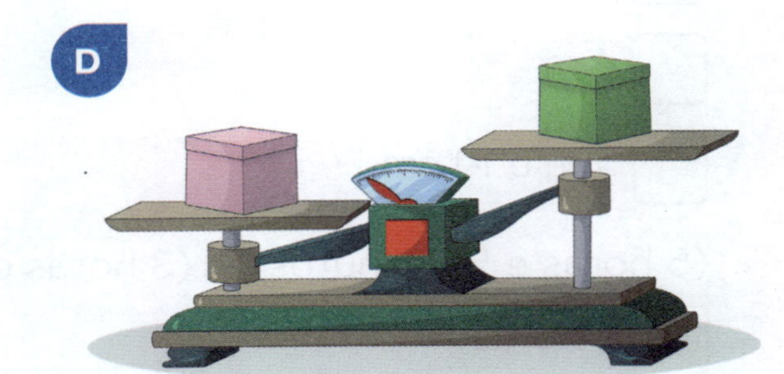

E

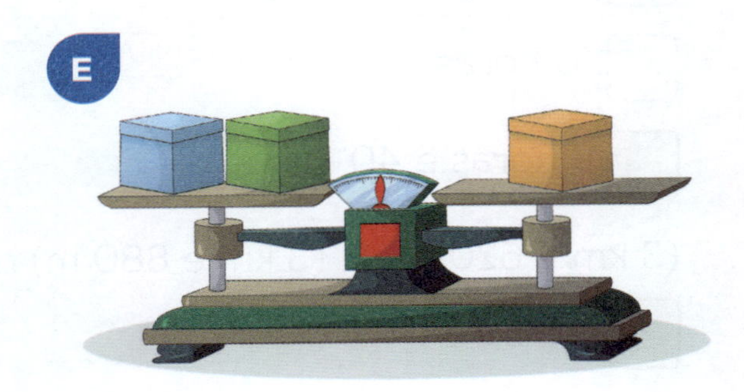

F

## OPERANDO COM MEDIDAS

Assinale em cada item a resposta correta.

**a)** (3 dias e 15 horas) + (2 dias e 9 horas) resultam em:

- [ ] 5 dias e 23 horas
- [ ] 6 dias
- [ ] 6 dias e 1 hora
- [ ] 6 dias e 4 horas

**b)** (1 m e 85 cm) + (2 m e 45 cm) resultam em:

- [ ] 3 m e 30 cm
- [ ] 4 m e 30 cm
- [ ] 4 m
- [ ] 5 m e 10 cm

Skobrik/Shutterstock.com

**c)** (5 horas e 55 minutos) + (3 horas e 45 minutos) resultam em:

- [ ] 9 horas
- [ ] 9 horas e 10 minutos
- [ ] 10 horas
- [ ] 9 horas e 40 minutos

**d)** (3 km e 620 m) + (3 km e 880 m) resultam em:

- [ ] 7 km e 100 m
- [ ] 7 km e 500 m
- [ ] 8 km
- [ ] 9 km

## SEQUÊNCIA: VAMOS COMPLETAR?

Descubra a regularidade para completar a sequência.

12 500 , 2 500 , 500 , 100 , 20 e ______

#  É NÚMERO PAR OU NÚMERO ÍMPAR?

VAMOS COMPLETAR?

Em cada item, complete as frases com PAR ou ÍMPAR.
Depois, calcule mentalmente as duas operações indicadas, registre o resultado delas e dê mais exemplos para confirmar sua conclusão.

a) A soma de dois números pares é sempre um número ________.

- 6 + 4 = ________
- 70 + 8 = ________
- ____________________

b) A soma de dois números ímpares é sempre um número ________.

- 9 + 3 = ________
- 57 + 19 = ________
- ____________________

c) A soma de um número par e um número ímpar é sempre um número ________.

- 4 + 5 = ________
- 249 + 2 = ________
- ____________________
- ____________________

d) O produto de dois números pares é sempre um número ________.

- 2 × 8 = ________
- 20 × 6 = ________
- ____________________

e) O produto de dois números ímpares é sempre um número ________.

- 3 × 5 = ________
- 9 × 111 = ________
- ____________________

f) O produto de um número par e um número ímpar é sempre um número ________.

- 4 × 7 = ________
- 33 × 10 = ________
- ____________________

## VAMOS TIRAR CONCLUSÕES?

Em cada item, analise as duas afirmações dos quadros coloridos. Em seguida, como no exemplo, ligue-os com o quadro da conclusão correta e pinte-o usando a mesma cor.

| Eu sei que... | Logo,... |
|---|---|
| todo curitibano é paranaense. | todo brasileiro é curitibano. |
| todo paranaense é brasileiro. | todo curitibano é brasileiro. |

**a)**

| Eu sei que... | Logo,... |
|---|---|
| Todo número par termina em 0, 2, 4, 6 ou 8. | 1868 não é número par |
| 1868 termina em 8 | 1868 é número par |

**b)**

| Eu sei que... | Logo,... |
|---|---|
| Todo múltiplo de 12 é múltiplo de 6. | Todo múltiplo de 3 é múltiplo de 12. |
| Todo múltiplo de 6 é múltiplo de 3. | Todo múltiplo de 12 é múltiplo de 3. |

**c)**

| Eu sei que... | Logo,... |
|---|---|
| Todo prisma é um poliedro. | Todo paralelepípedo é um poliedro. |
| Todo paralelepípedo é um prisma. | Todo poliedro é um prisma. |

**d)**

| Eu sei que... | Logo,... |
|---|---|
| Todo polígono de 4 lados tem 4 vértices. | Todo polígono de 4 vértices é um trapézio. |
| Todo trapézio é um polígono de 4 lados. | Todo trapézio tem 4 vértices. |

# VISTAS DE SÓLIDOS GEOMÉTRICOS

Observe os seis blocos retangulares construídos com cubinhos coloridos.

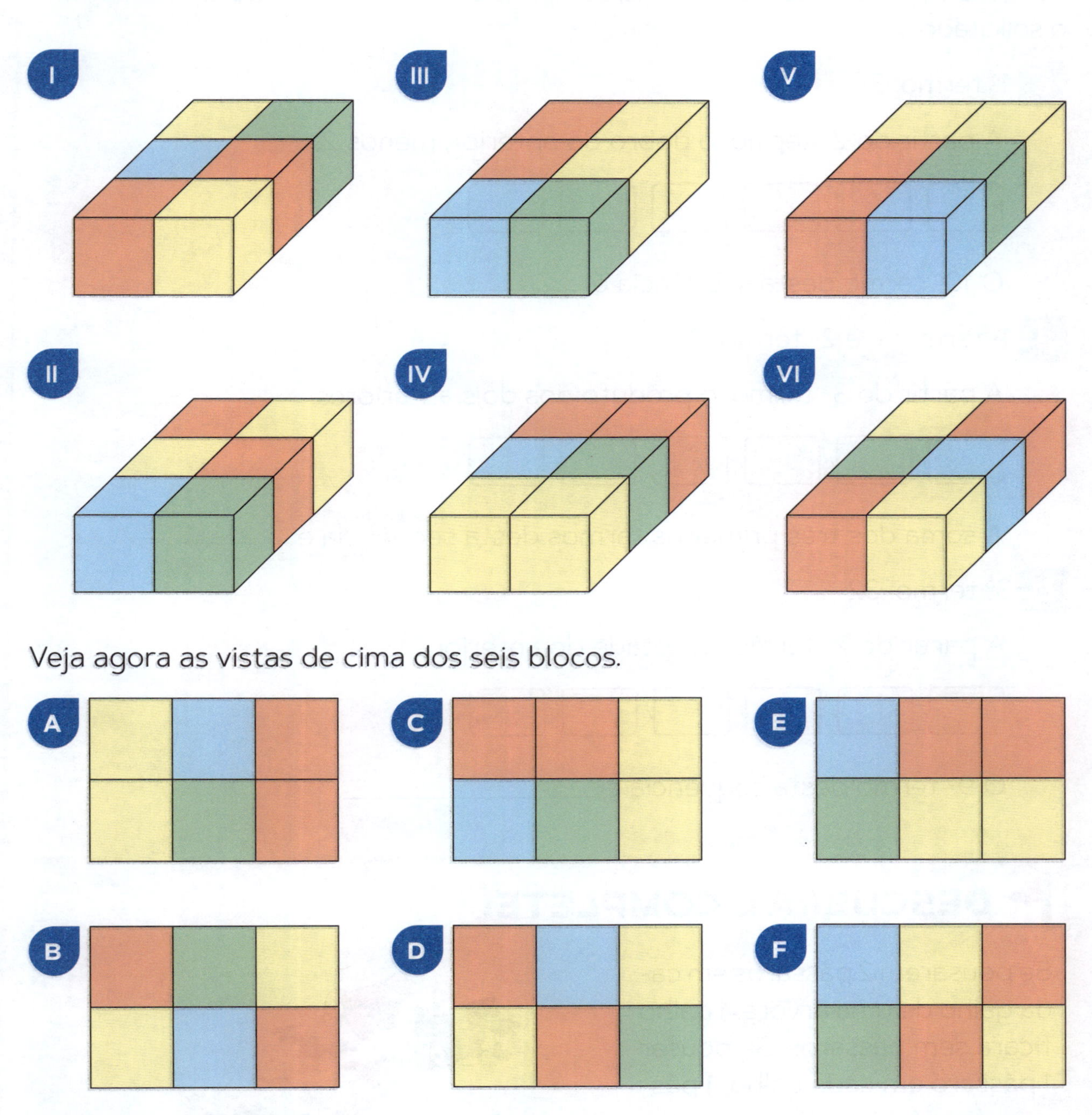


Veja agora as vistas de cima dos seis blocos.

Relacione cada bloco retangular com sua vista de cima completando as lacunas com a letra que corresponde a ela:

I – ________ III – ________ V – ________

II – ________ IV – ________ VI – ________

## É HORA DE CONSTRUIR SEQUÊNCIAS!

Escreva nos ☐ os seis primeiros termos de cada sequência considerando o padrão descrito. Depois, complete as frases de acordo com o solicitado.

**A** 1º termo: 3

A partir do 2º termo: o dobro do anterior, menos 2.

☐, ☐, ☐, ☐, ☐, ☐

O 10º termo desta sequência é ______.

**B** 1º termo: 1, e 2º termo: 2

A partir do 3º termo: o produto dos dois anteriores.

☐, ☐, ☐, ☐, ☐, ☐

A soma dos três primeiros termos desta sequência é ______.

**C** 3º termo: 32

A partir do 2º termo: a metade do anterior.

☐, ☐, ☐, ☐, ☐, ☐

O 9º termo desta sequência é ______________.

## DESCUBRA E COMPLETE!

Se pousarem 2 pássaros em cada galho de uma árvore, 1 galho ficará sem pássaros. Se pousar 1 pássaro em cada galho, 1 pássaro ficará sem galho.

Então, temos ______ pássaros e ______ galhos.

## IDADE DE PAIS E FILHOS

Leia com atenção, calcule o que se pede e complete as frases.

a) Luciana, seu pai e sua mãe

Quando Luciana nasceu, seu pai tinha 28 anos e sua mãe, 25.

Hoje, a mãe de Luciana tem 31 anos.

Então, Luciana tem ________ anos e seu pai tem ________ anos.

b) Rogério e sua mãe

Rogério tem 21 anos e sua mãe, 46.

Daqui a ________ anos, a idade de Rogério será a metade da idade de sua mãe, pois

Rogério terá ________ anos e sua mãe terá

________ anos.

c) José e seus três filhos

José tem 35 anos e seus três filhos têm 12, 10 e 7 anos.

Quando José estiver com ________ anos, sua idade será igual à soma das idades de seus

três filhos, que terão ________ , ________ e ________ anos.

## ANALOGIA: FAZER E REGISTRAR

- A música e a pintura são artes, assim como o voleibol e o handebol são

  ____________________.

- 6 em relação a 5 e 7 é o mesmo que 18 em relação a 17 e 19, o mesmo que

  ________ em relação a 24 e 26 e, ainda, o mesmo que 30 em relação a

  ________ e ________.

# CÁLCULO MENTAL NA INTERPRETAÇÃO DE GRÁFICO

O gráfico abaixo indica quantos carros foram vendidos nos seis primeiros meses em uma revendedora de veículos.

## Venda de carros no 1º semestre

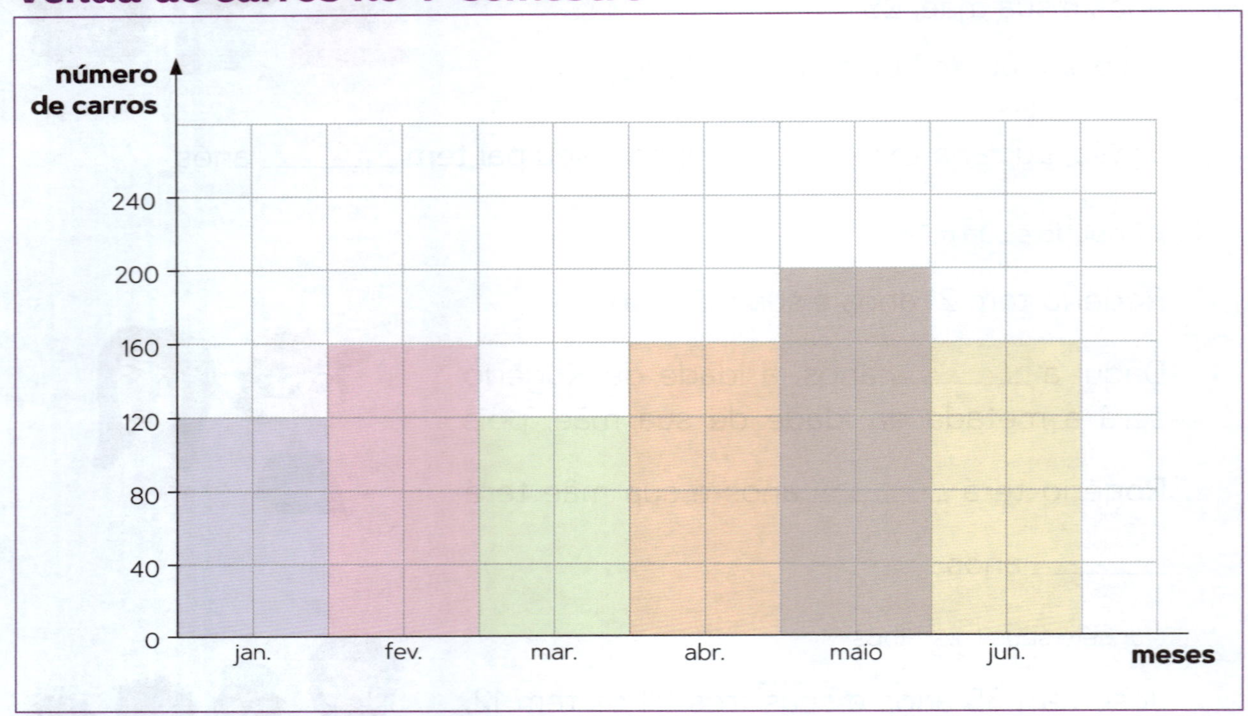


Escreva **V** nas afirmações verdadeiras e **F** nas falsas de acordo com o indicado pelo gráfico. Faça os cálculos mentalmente.

- ☐ O mês de maior venda foi fevereiro.
- ☐ Janeiro e março apresentaram vendas iguais.
- ☐ Todos os meses apresentaram venda superior a 100 carros.
- ☐ Em abril, foram vendidos menos que 160 carros.
- ☐ De maio para junho as vendas aumentaram.
- ☐ Em dois meses, a venda foi inferior a 160 carros.
- ☐ No 2º trimestre foram vendidos 120 carros a mais do que no 1º trimestre.
- ☐ A venda total no semestre ultrapassou 1000 carros.

# FACES EM UM SÓLIDO GEOMÉTRICO

Observe as afirmações a seguir. Utilize-as para completar as frases referentes às faces de cada sólido geométrico citado nos itens.

sempre aparece

nunca aparece

pode aparecer ou não

a) Região quadrada em um cubo: ______________________.

b) Região triangular em uma pirâmide: ______________________.

c) Região retangular em uma pirâmide: ______________________.

d) Região quadrada em um cone: ______________________.

e) Região triangular em um prisma: ______________________.

f) Região retangular em um paralelepípedo: ______________________.

g) Região circular em um cone: ______________________.

## CÁLCULO MENTAL: MULTIPLICAÇÃO

Analise os exemplos e complete os números.

a) $2 \times 300$ : $2 \times 3$ centenas = ______ centenas ou ______

$2 \times 300 =$ ______

b) $40 \times 800$ : faça $4 \times 8$ e acrescente três zeros: ______

$40 \times 800 =$ ______

c) $20 \times 50$ : multiplique $2 \times 5$ e acrescente dois zeros: ______

$20 \times 50 =$ ______

d) $3 \times 132$ : faça $3 \times 100$, $3 \times 30$ e $3 \times 2$ e some ______ + ______ +

+ ______ = ______

$3 \times 132 =$ ______

e) $7 \times 106$ : faça $7 \times 100$ e $7 \times 6$ e some ______ + ______ = ______

$7 \times 106 =$ ______

f) Agora, você escolhe o caminho, efetua mentalmente e completa as contas:

$3 \times 7\,000 =$ ______ $60 \times 1\,000 =$ ______ $8 \times 25 =$ ______

## ANALOGIA: FAZER E REGISTRAR

- O leite está para o branco como o sangue está para o ______________.
- $3 \times 3$ está para 9 como $8 \times 8$ está para 64, como $5 \times 5$ está para ______ e como ______ × ______ está para 100.

## CÁLCULO MENTAL: DIVISÃO

Siga o roteiro indicado e complete os números nos traços:

**a)** 12 000 ÷ 4 : _______ milhares ÷ _______ = _______ milhares ou _______

12 000 ÷ 4 = _______

**b)** 628 ÷ 2

600 ÷ 2 + 20 ÷ 2 + 8 ÷ 2

_______ + _______ + _______ = _______ → 628 ÷ 2 = _______

**c)** 400 ÷ 8 : 8 vezes _______ dá 400

400 ÷ 8 = _______

**d)** 63 ÷ 9 : _______ vezes 9 dá 63

63 ÷ 9 = _______

**e)** 40 000 ÷ 8 000 = _______, pois _______ × 8 000 = 40 000

ou

CORTO TRÊS ZEROS EM 40 000 E EM 8 000 E FAÇO _______ ÷ _______ = _______.

40 000 ÷ 8 000 = _______

**f)** 462 ÷ 2

400 ÷ 2 + 60 ÷ 2 + 2 ÷ 2

_______ + _______ + _______ = _______ → 462 ÷ 2 = _______

# CÁLCULO MENTAL EM SITUAÇÕES-PROBLEMA

Resolva os problemas fazendo os cálculos mentalmente. Depois, registre os resultados.

a) Mário tem cinco notas de R$ 100,00, três notas de R$ 50,00 e seis notas de R$ 2,00.

Que quantia ele tem no total? ______________________

b) Em uma mudança, 600 livros serão colocados em caixas que comportam 20 livros cada uma.

Quantas caixas serão necessárias?

______________________

c) Júlia tinha R$ 1 120,00 e comprou um aparelho de som por R$ 300,00.

robert8/Shutterstock.com

Com quanto ela ainda ficou? ______________________

d) Um período de 280 dias contém quantas semanas completas?

______________________

e) A população de uma cidade era de 47 200 habitantes e aumentou em 2 500 habitantes. Qual é a população atual dessa cidade?

______________________

# SEQUÊNCIA: VAMOS COMPLETAR?

Descubra a regularidade para completar a sequência.

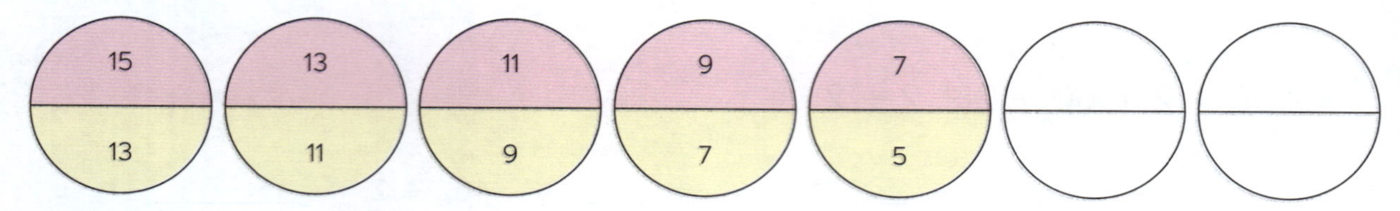

## QUE FIGURA GEOMÉTRICA SOU EU?

Em cada item, marque um **X** na figura citada.

a) Sou uma semirreta.

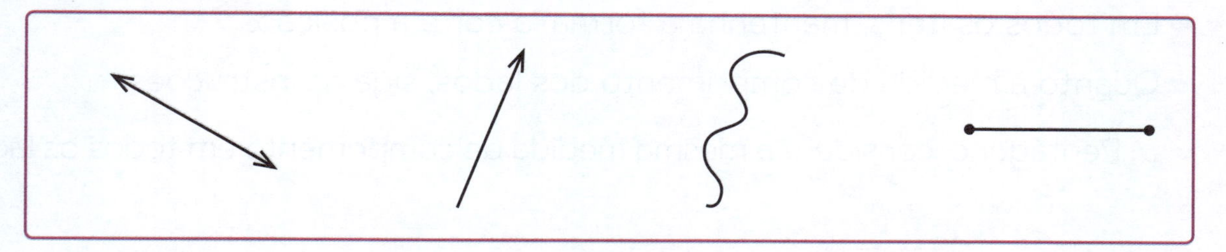

b) Sou um ângulo agudo.

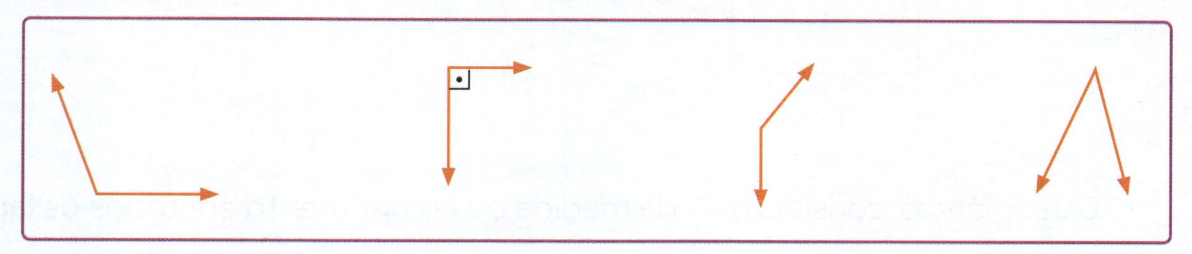

c) Sou um triângulo retângulo.

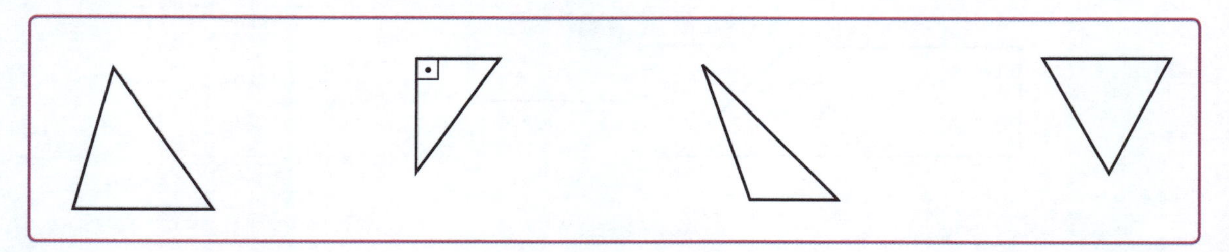

d) Sou um quadrilátero, mas não sou um trapézio.

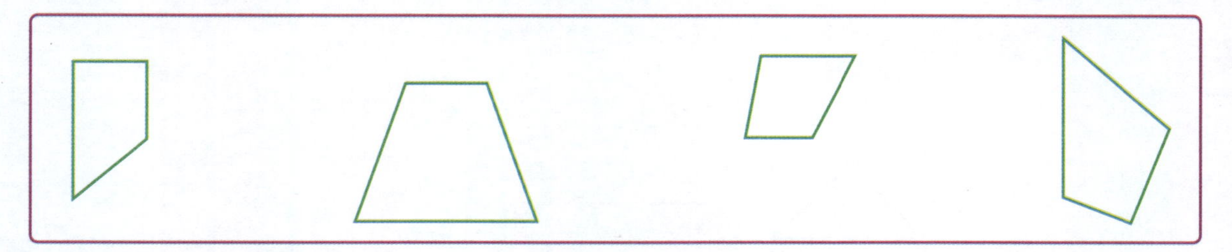

e) Sou a figura que mostra uma circunferência e um de seus raios.

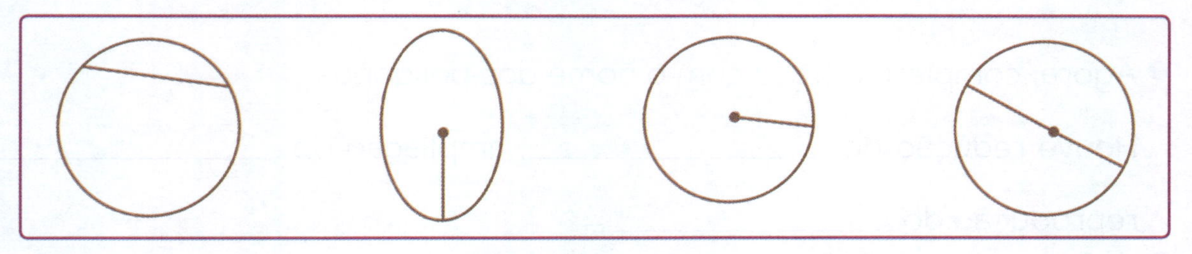

## REPRODUÇÃO, REDUÇÃO E AMPLIAÇÃO DE POLÍGONOS

Observe os três polígonos desenhados abaixo.

- Em todos os itens, mantenha a forma, a cor e a posição.
- Quanto à medida de comprimento dos lados, siga as instruções.

a) Pentágono: considere a mesma medida de comprimento em todos os lados.

b) Quadrilátero: considere $\frac{2}{3}$ da medida de comprimento em todos os lados.

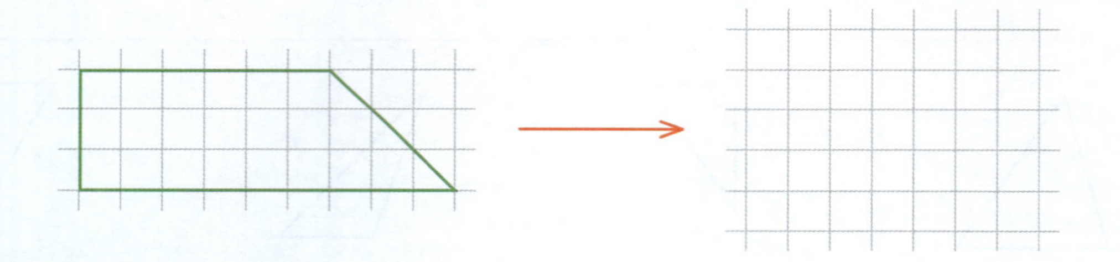

c) Triângulo: considere $\frac{3}{2}$ da medida de comprimento em todos os lados.

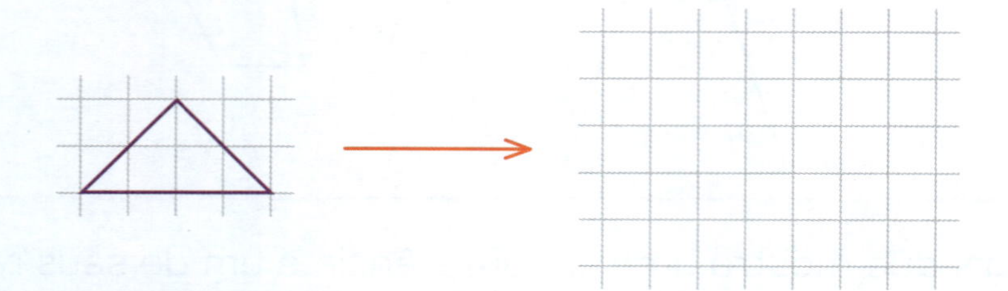

- Agora, complete a frase com o nome dos polígonos.

Houve redução do ____________________, ampliação do ____________________ e reprodução do ____________________.

# CÁLCULO MENTAL: COMPRAS DE LÁPIS E CANETAS

Rose Carson/Shutterstock.com

Considere que em cada papelaria todos os lápis e canetas são do mesmo tipo e preço. Faça os cálculos mentalmente e responda às questões.

**a)** Na Papelaria Primavera...

Lucas comprou 2 lápis e 1 caneta e gastou R$ 11,00.
Mara comprou 1 lápis e 1 caneta e gastou R$ 8,00.

Quanto custa cada lápis? _______________

Quanto custa cada caneta? _______________

gasa/Shutterstock.com

**b)** Na Papelaria Verão...

Rafael comprou 2 lápis e 3 canetas e gastou R$ 20,00.
Ana comprou 6 lápis e 9 canetas.

Quanto Ana gastou? _______________

Astragal/Shutterstock.com

**c)** Na Papelaria Outono...

Laura comprou 3 lápis e gastou R$ 9,00.
Maurício comprou 3 canetas e gastou R$ 12,00.
Paulo comprou 1 lápis e 1 caneta.

Quanto Paulo gastou? _______________

_______________________________

Astragal/Shutterstock.com

**d)** Na Papelaria Inverno...

Roberto comprou 2 lápis e 1 caneta e gastou R$ 13,50.
Paula comprou 1 lápis e 2 canetas e gastou R$ 16,50.
Flávio comprou 3 lápis e 3 canetas.

Quanto Flávio gastou? _______________

Ain Mikail/Shutterstock.com

## É HORA DE COMPLETAR ALGORITMOS!

Observe com atenção as operações efetuadas pelo algoritmo usual. Faça os cálculos mentalmente e complete os quadradinhos com algarismos.
Para conferir, use a calculadora.

a)

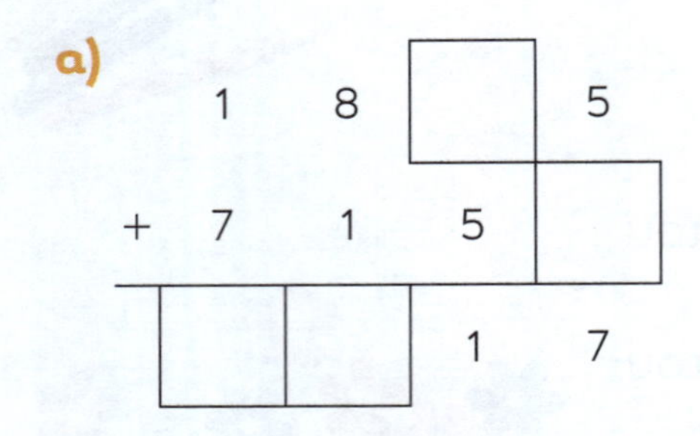


b)

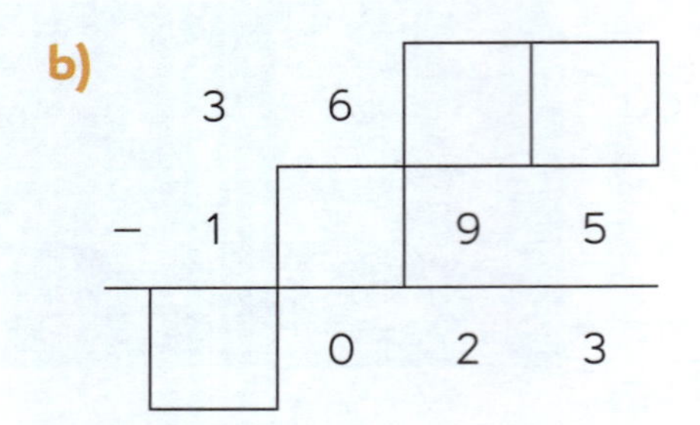


c)

2 ☐
× 3
☐ 1

d)

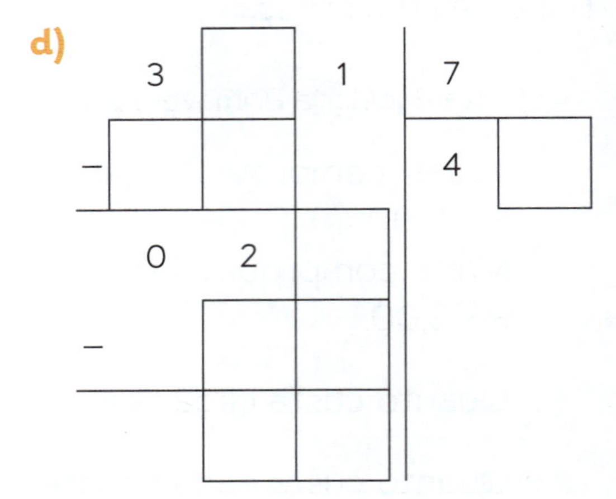


e)

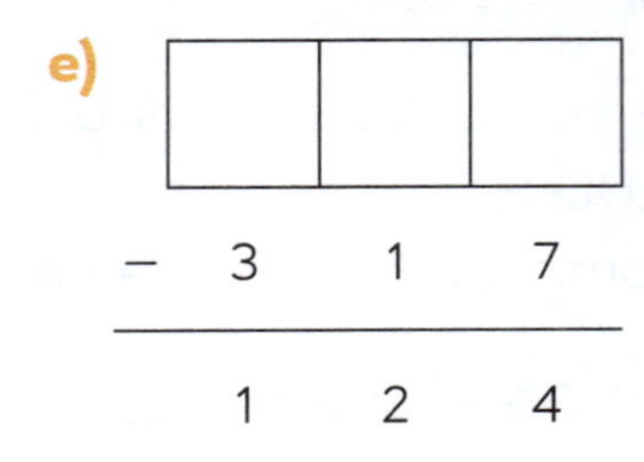


f)

☐ 2 8
× 4
9 ☐ ☐

## SEQUÊNCIAS: VAMOS COMPLETAR?

Descubra a regularidade para completar a sequência.

   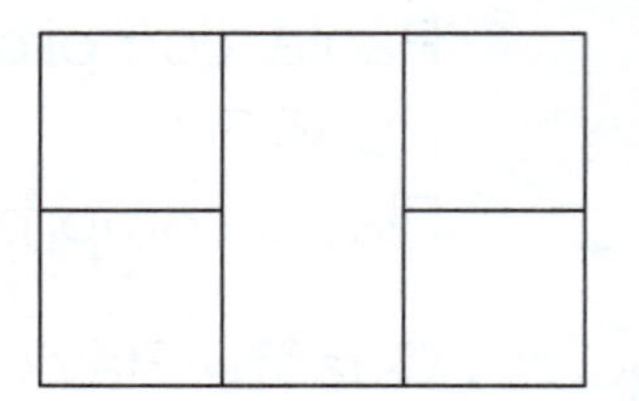

Em cada item, descubra e assinale a alternativa correta com **X**.

a) Somos dois números naturais.
A soma de nós dois é 266.
A diferença entre nós dois é 28.

☐ 150 e 116 ☐ 147 e 119 ☐ 228 e 200

b) Somos dois números naturais.
Um de nós é o antecessor do outro.
O produto de nós dois é 132.

☐ 11 e 12 ☐ 6 e 22 ☐ 16 e 17

c) Somos dois números naturais.
Um de nós é a terça parte do outro.
A diferença entre nós dois é 348.

☐ 222 e 666 ☐ 174 e 522 ☐ 124 e 372

d) Somos dois números naturais.
A soma de nós dois é 151.
Dividindo o maior de nós pelo menor, o quociente é 17 e o resto é 7.

☐ 147 e 7 ☐ 142 e 9 ☐ 143 e 8

# DOIS PROBLEMAS

DESAFIO

**1.** No início de março, Júlio tinha 1 200 folhas de papel sulfite para usar em seu trabalho.
Ele fez a seguinte previsão de gasto:

Calcule e responda: De acordo com essa previsão, em que mês acabarão todas as folhas de Júlio? ______________________________

**2.** Descubra quantas figurinhas João tem.

- Se João contar suas figurinhas de 3 em 3, sobrarão 2 figurinhas.
- Se ele contar de 4 em 4, também sobrarão 2 figurinhas.

Calcule e complete: João tem __________ figurinhas.

## ATENÇÃO NA MEDIDA DE CAPACIDADE DOS BALDES!

Observe, na figura abaixo, os três baldes e suas medidas de capacidade.

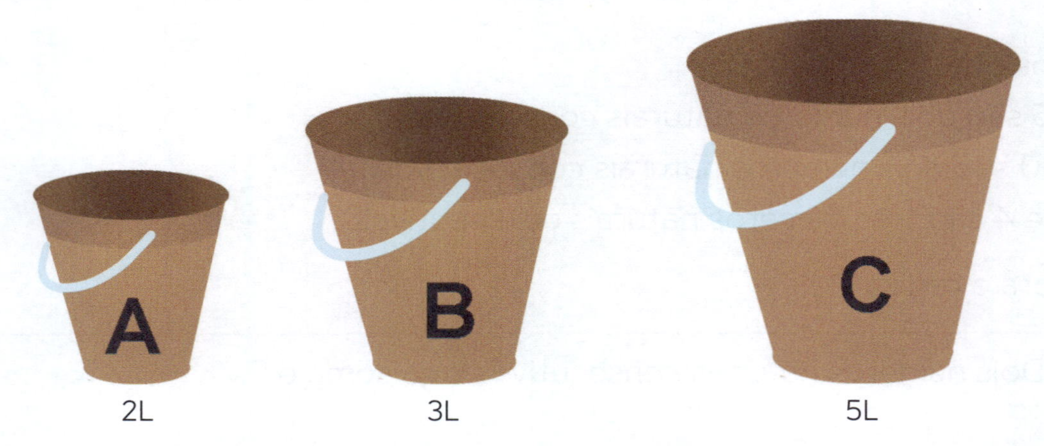


Considere, em cada item, que os três baldes estão vazios antes dos procedimentos e faça o que se pede.

a) João encheu de água o balde **C** e despejou-a no balde **A** até este ficar cheio.

Com quanto de água ficou o balde **C**? ___________

b) Descreva como você faria para ficar com 1 litro de água no balde **B**.

_______________________________________________

_______________________________________________

_______________________________________________

c) Descreva como você faria para ficar com 1 litro de água no balde **A**.

_______________________________________________

_______________________________________________

_______________________________________________

d) Descreva como você faria para ficar com 1 litro de água no balde **C**.

_______________________________________________

_______________________________________________

_______________________________________________

# NÚMEROS NATURAIS CONSECUTIVOS

Observe a sequência dos números naturais.

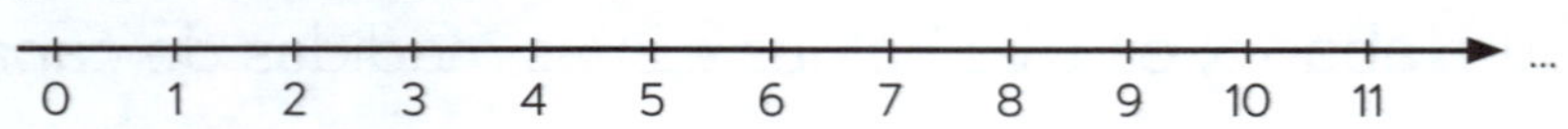


Dizemos que:

- 5 e 6 são dois números naturais consecutivos.
- 9 e 10 são dois números naturais consecutivos.
- 2, 3 e 4 são três números naturais consecutivos.

Descubra e registre:

a) Dois números naturais consecutivos cuja soma é 9:

_____________ e _____________.

b) Dois números naturais consecutivos cujo produto é 42:

_____________ e _____________.

c) Dois números naturais consecutivos cuja soma é 57:

_____________ e _____________.

d) Dois números naturais consecutivos cujo produto é 420:

_____________ e _____________.

e) Três números naturais consecutivos cuja soma é 135:

_____________, _____________ e _____________.

## Números consecutivos

Coloque os números naturais de 1 a 6 nos quadros vazios das figuras, de modo que dois números consecutivos nunca estejam em quadros "vizinhos" com lado comum.

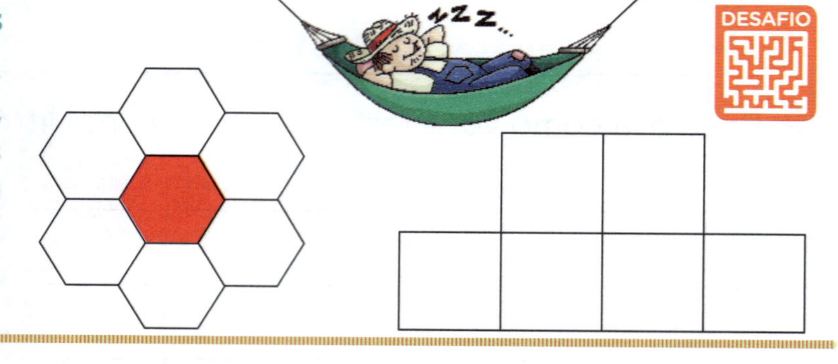

# CÁLCULO MENTAL COM EXPRESSÕES NUMÉRICAS

Faça os cálculos mentalmente e registre o valor das expressões.

**A**

$35 - 25 + 40 - 10 + 20$

Valor: ____________________.

**E**

$6 \times 100 \div 300 \times 60$

Valor: ____________________.

**B**

$(600 \div 200) \times (150 + 150)$

Valor: ____________________.

**F**

$30 + 1 + 400 - 4$

Valor: ____________________.

**C**

$100 + 425 - 98$

Valor: ____________________.

**G**

$200 + 500 + 300 - 100$

Valor: ____________________.

**D**

$(100 + 20) \div (41 - 39)$

Valor: ____________________.

**H**

$(11 - 9 + 4) \times (80 - 20 - 40)$

Valor: ____________________.

Agora, relacione as expressões de mesmo valor colocando as letras e pintando os círculos.

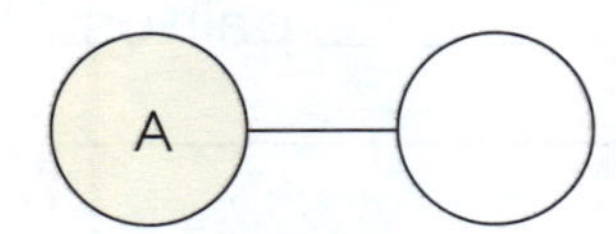


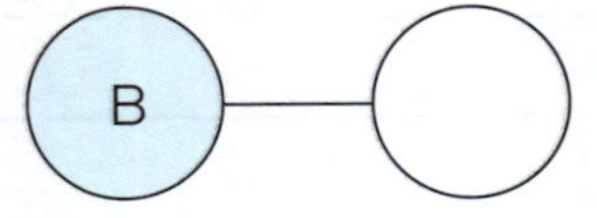


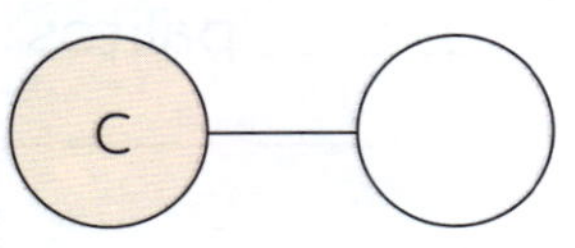


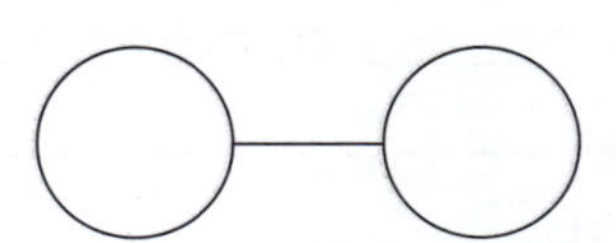

# DESCUBRA E RESPONDA!

Em uma equipe com 6 alunos, todos vão se despedir com um aperto de mão.

Qual será o número total de apertos de mão? ____________________

# PALITOS, TRIÂNGULOS E QUADRADOS

**1)** Observe a sequência de triângulos formados com palitos. Complete com os números na última construção.

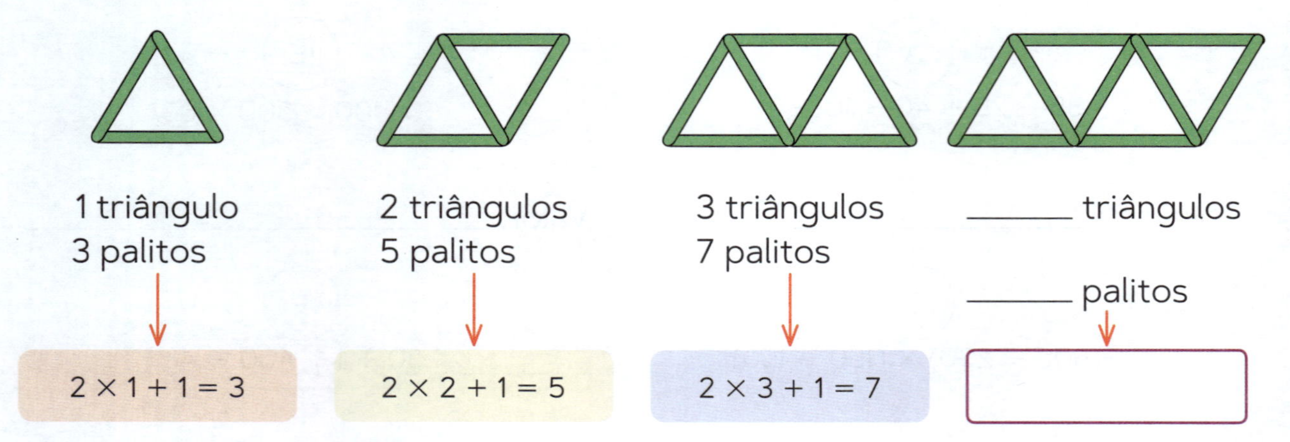


**2)** Agora, observe esta sequência de quadrados e complete os espaços como na sequência do primeiro item.

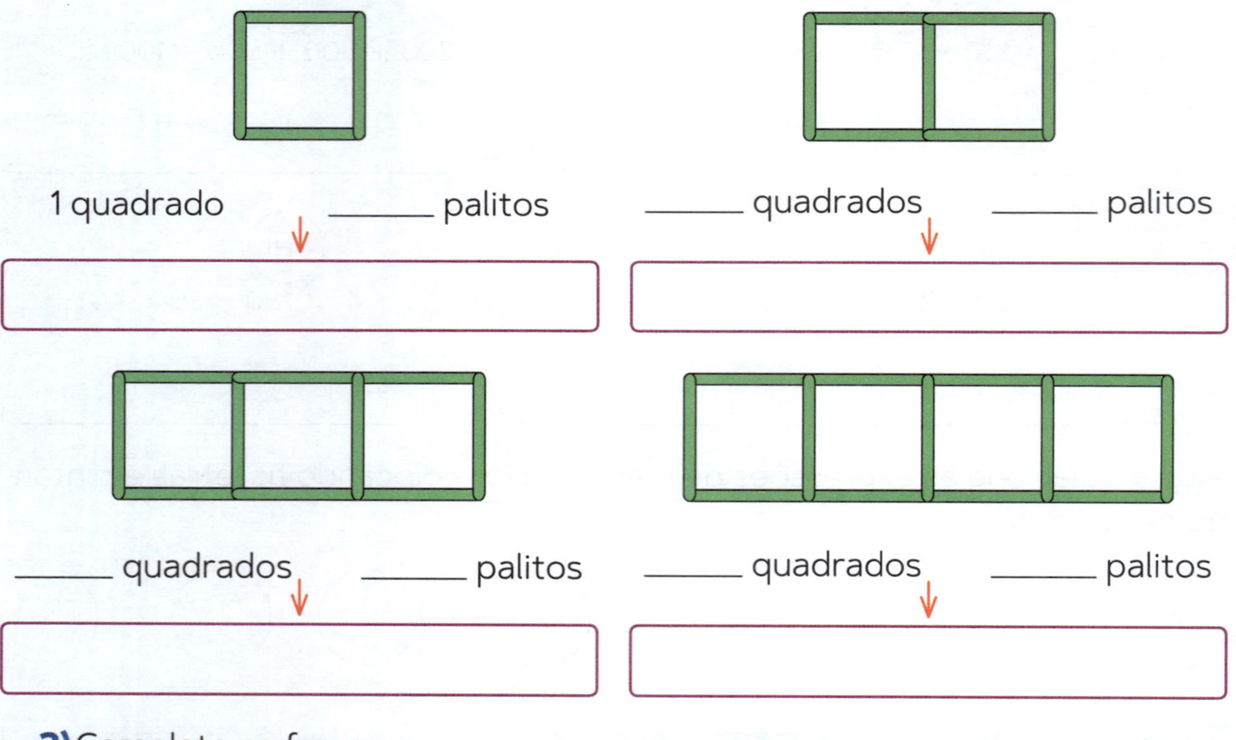


**3)** Complete as frases.

**a)** Para construir 8 quadrados são necessários _________________ palitos.

**b)** Com 34 palitos é possível construir até _________________ quadrados.

## QUATRO CRIANÇAS NASCERAM NO MESMO MÊS DO MESMO ANO: VAMOS DESCOBRIR EM QUAIS DIAS?

Pedro, Luana, Joca e Mara são colegas de turma.

- Joca nasceu uma semana antes de Luana.
- Mara nasceu uma semana depois de Pedro.
- Pedro nasceu 2 dias depois de Joca.

Complete os espaços de acordo com as informações acima.

**a)** Escreva o nome das quatro crianças, por ordem de nascimento, começando com a que nasceu primeiro: ________________, ________________, ________________, ________________.

**b)** Das quatro crianças, a mais nova é ________________.

**c)** ________________ nasceu 5 dias antes de ________________.

**d)** Mara nasceu ______ dias ________________ de Joca.

- Pedro nasceu no dia 15/6/2009.

Escreva as datas de nascimento das outras três crianças.

Joca: ______________ Luana: ______________ Mara: ______________

## SEQUÊNCIA: VAMOS COMPLETAR?

Descubra a regularidade para completar a sequência.

| 0 | 0 | 3 | 5 | 6 | 10 | 9 | 15 | 12 | 20 | | |
|---|---|---|---|---|---|---|---|---|---|---|---|

## É HORA DE FORMAR SENTENÇAS MATEMÁTICAS

Em cada item, ordene as palavras e forme a sentença matemática correta.

**Atenção:** comece a sentença com a palavra que tem a letra inicial maiúscula.

a) trinta | é | dez | a | mais | Vinte | igual .

_______________________________________________

_______________________________________________

30 20 10

b) de | é | comprimento | uma | de | medida | Centímetro | unidade .

_______________________________________________

cm

c) circulares | Um | faces | tem | cilindro | duas .

_______________________________________________

_______________________________________________

d) meia | correspondem | e | hora | minutos | a | Noventa | uma .

_______________________________________________

_______________________________________________

12 1 2 3 4 5 6 7 8 9 10 11

e) de | e | oito | é | sete | Vinte | múltiplo .

_______________________________________________

_______________________________________________

20 7 8 27 28

f) oito | tem | e | cubo | vértices | Um | faces | seis .

_______________________________________________

_______________________________________________

## SEMPRE ACONTECE!

Complete a fala das crianças.
Em cada uma, dê dois exemplos para ilustrar.

a)

A DIFERENÇA ENTRE UM NÚMERO NATURAL E SEU ANTECESSOR É ________.

______________________________

______________________________

b)

A SOMA DE DOIS NÚMEROS ÍMPARES É UM NÚMERO ________.

______________________________

______________________________

c)

DIVIDINDO UM NÚMERO NATURAL MAIOR QUE 2 POR SEU ANTECESSOR, OBTEMOS QUOCIENTE ________ E RESTO ________.

______________________________

______________________________

d)

DIVIDINDO UM NÚMERO PAR QUE NÃO SEJA ZERO POR SUA METADE, O QUOCIENTE É ________.

______________________________

______________________________

e)

EM TODA MULTIPLICAÇÃO, SE UM DOS FATORES É ZERO, O PRODUTO É SEMPRE ________.

______________________________

______________________________

f)

SOMANDO UM NÚMERO NATURAL COM SEU DOBRO, OBTEMOS O ________ DESSE NÚMERO NATURAL.

______________________________

______________________________

## MUITA ATENÇÃO NA LEITURA!

Leia, calcule, registre os valores nos ☐ e coloque o sinal de "igual a" (=) ou "diferente de" (≠) entre eles.

a) A soma do sucessor de 6 com 3. | O sucessor da soma de 6 com 3.

b) O dobro do triplo de 5. | O triplo do dobro de 5.

c) A metade de 6 mais 4. | A metade de 6, mais 4.

d) O produto de 20 com o quociente de 10 por 2. | O quociente de 20 pelo produto de 10 com 2.

e) A diferença entre 16 e a metade de 10. | A metade da diferença entre 16 e 10.

f) O antecessor do sucessor de 40. | O sucessor do antecessor de 40.

## VÁRIAS REGULARIDADES NA MESMA SEQUÊNCIA

Observe a sequência mostrada por uma professora:

ANA , BETO , CARLA , DANILO , ?

Três alunos descobriram padrões diferentes de regularidade e cada um completou a sequência com um destes nomes: **ROBERTO**, **RUI**, **ALDA**, **ALICE** e **ESTER**.

Complete cada sequência com um desses nomes de acordo com o padrão de regularidade citado.

a) Letra inicial dos nomes:

ANA , BETO , CARLA , DANILO , ______

b) Número de letras dos nomes:

ANA , BETO , CARLA , DANILO , ______

c) Letra final dos nomes:

ANA , BETO , CARLA , DANILO , ______

## MOSAICO: VAMOS COMPLETAR?

Descubra a regularidade para completar o mosaico.

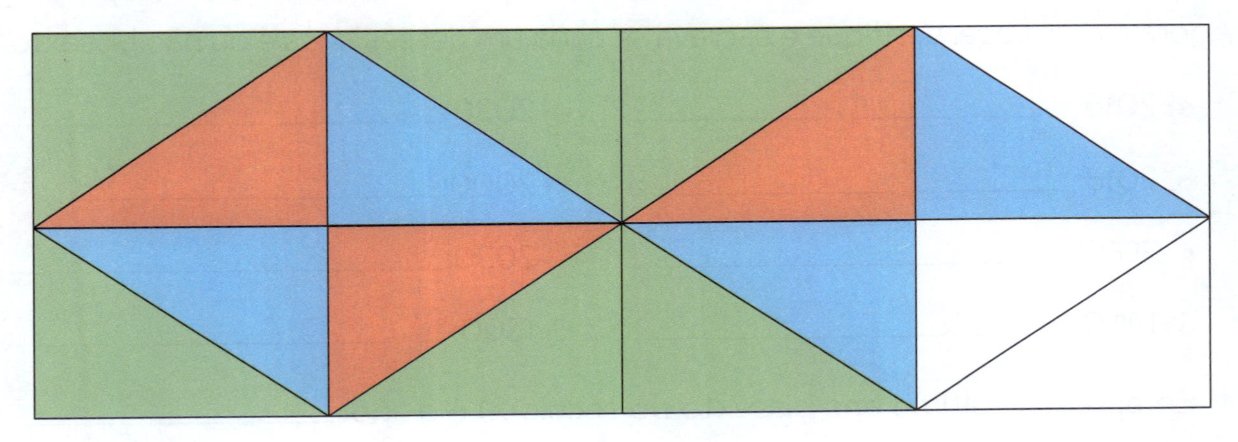

# ANO BISSEXTO: COMO DESCOBRIR?

Se o número do ano não é múltiplo de 4, o ano não é bissexto.

Exemplo: 2014 não é ano bissexto (2014 ÷ 4 = 503 e resto 2).

Se o número do ano é múltiplo de 4 e não termina em 00, o ano é bissexto.

Exemplo: 2012 é ano bissexto (2012 ÷ 4 = 503 e resto 0).

Se o número do ano termina em 00, devemos verificar o seguinte:
a) se é múltiplo de 400, o ano é bissexto;
b) se não é múltiplo de 400, o ano não é bissexto.

Exemplos: 2100 não é ano bissexto (2100 ÷ 400 = 5 e resto 100);
2400 é ano bissexto (2400 ÷ 400 = 6 e resto 0).

Agora é com você. Verifique e escreva se cada um desses anos é ou não bissexto.

a) 2016: ______________________

b) 2018: ______________________

c) 2022: ______________________

d) 1900: ______________________

e) 2020: ______________________

f) 2000: ______________________

g) 2030: ______________________

h) 1500: ______________________

- Complete: O último ano bissexto do século 21 é o ano ______________.

# DIA DA SEMANA: EM UM ANO E NO ANO SEGUINTE

Analise os exemplos com atenção:

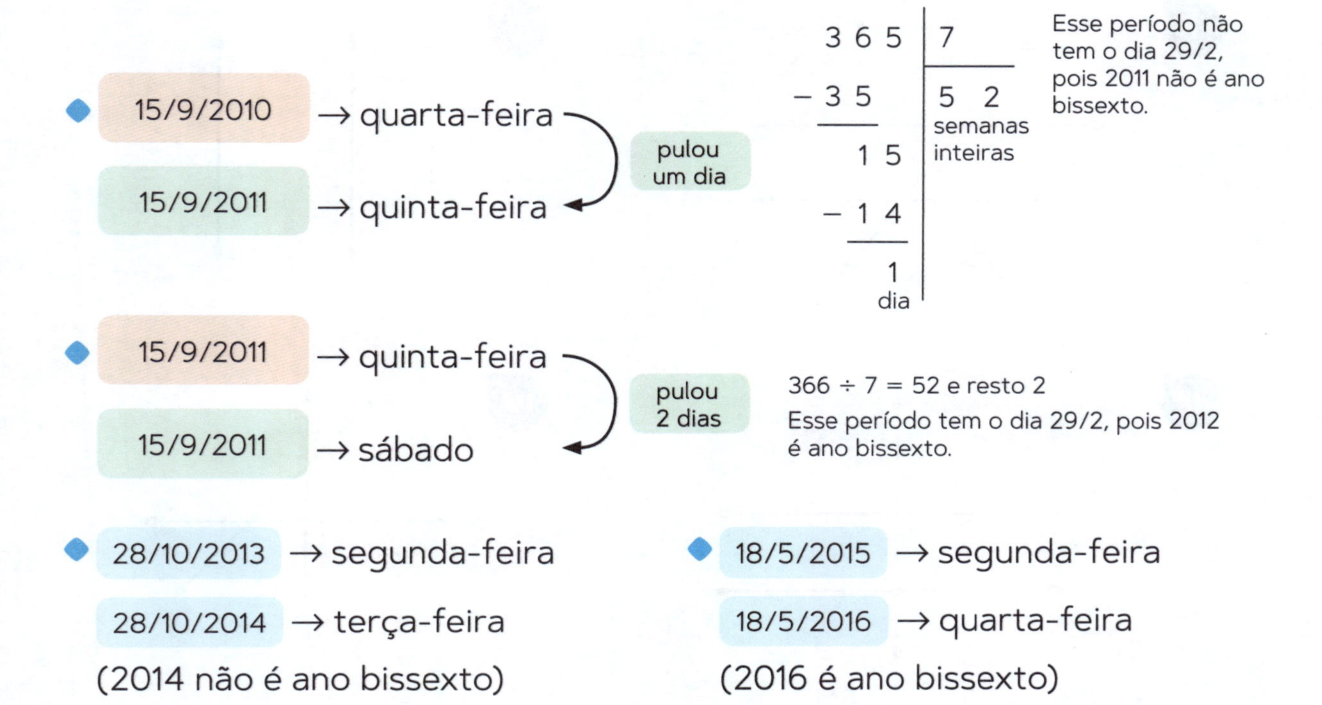

- 15/9/2010 → quarta-feira
  15/9/2011 → quinta-feira
  pulou um dia

$$\begin{array}{r|l} 365 & 7 \\ \hline -35 & 52 \text{ semanas inteiras} \\ 15 & \\ -14 & \\ \hline 1 \text{ dia} & \end{array}$$

Esse período não tem o dia 29/2, pois 2011 não é ano bissexto.

- 15/9/2011 → quinta-feira
  15/9/2011 → sábado
  pulou 2 dias

$366 \div 7 = 52$ e resto 2

Esse período tem o dia 29/2, pois 2012 é ano bissexto.

- 28/10/2013 → segunda-feira
  28/10/2014 → terça-feira
  (2014 não é ano bissexto)

- 18/5/2015 → segunda-feira
  18/5/2016 → quarta-feira
  (2016 é ano bissexto)

Agora é com você. Complete os espaços com o dia da semana.

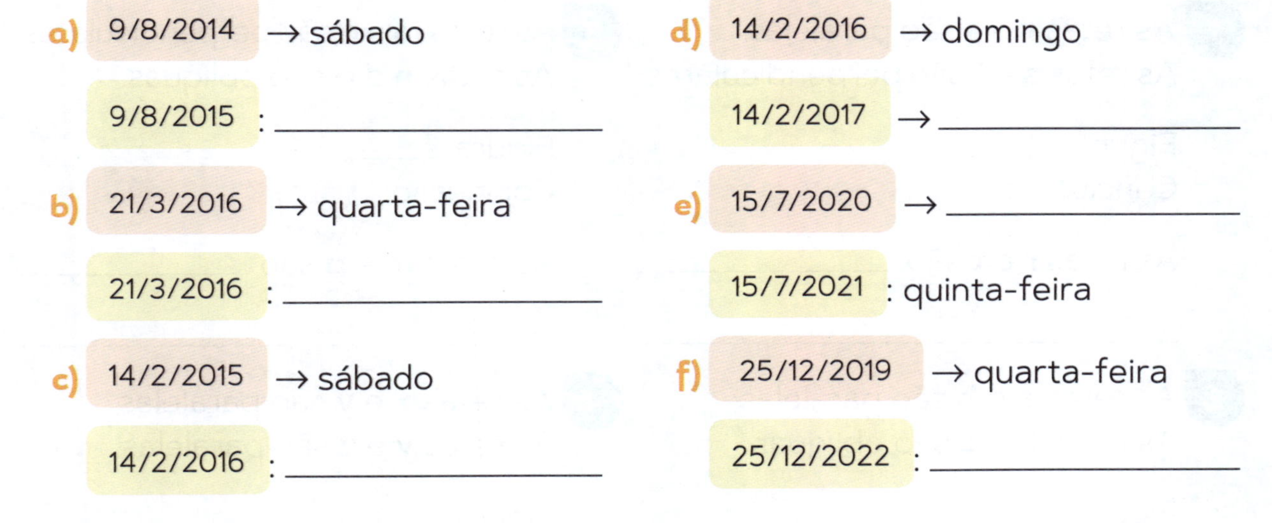

a) 9/8/2014 → sábado
   9/8/2015 : ____________

b) 21/3/2016 → quarta-feira
   21/3/2016 : ____________

c) 14/2/2015 → sábado
   14/2/2016 : ____________

d) 14/2/2016 → domingo
   14/2/2017 → ____________

e) 15/7/2020 → ____________
   15/7/2021 : quinta-feira

f) 25/12/2019 → quarta-feira
   25/12/2022 : ____________

g) Seu aniversário neste ano caiu ou cairá na(o) ____________.

No ano que vem cairá na(o) ____________

____________.

# RETAS PARALELAS, PERPENDICULARES E OBLÍQUAS

Em cada figura abaixo, temos 3 retas distintas de um mesmo plano.

I

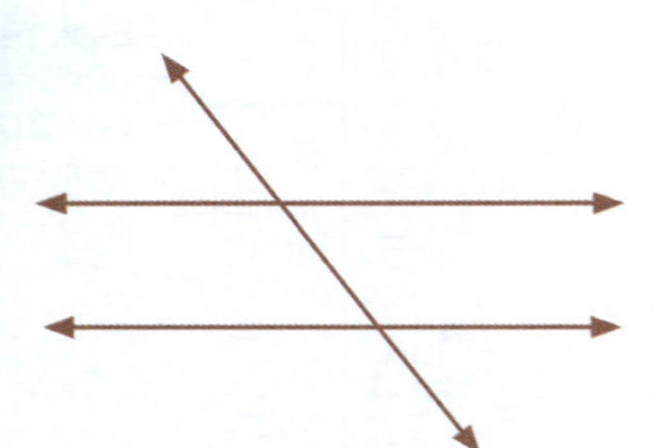

III

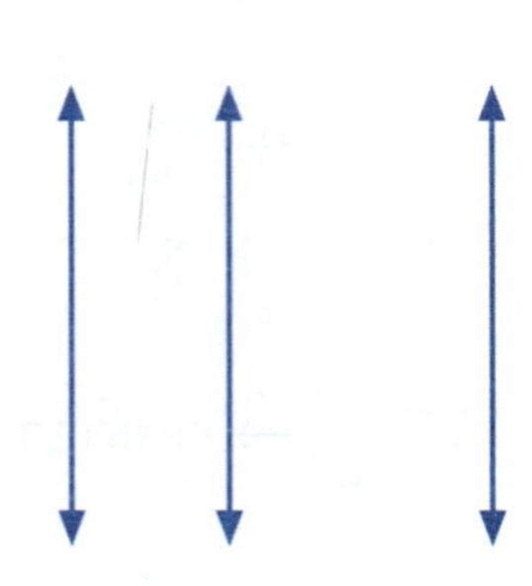

II

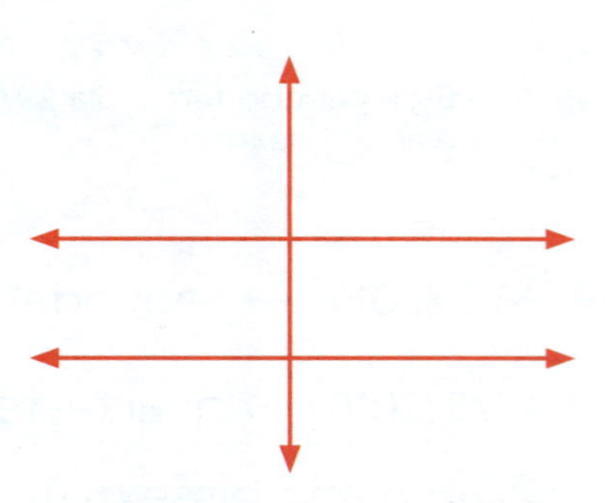

IV

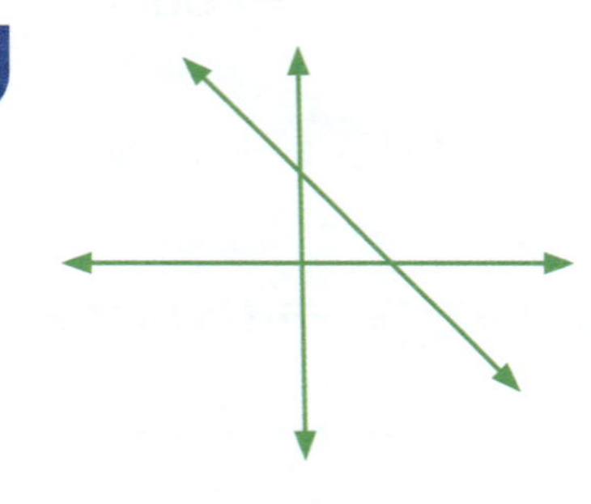

Nos itens a seguir, identifique a figura correspondente, complete a conclusão e coloque as letras nas retas de forma conveniente.

**1** As retas **r** e **s** são paralelas.
As retas **s** e **t** são perpendiculares.

Figura ______.
Conclusão:

As retas **r** e **t** são ____________________
______________________________.

**2** As retas **a** e **b** são paralelas.
As retas **b** e **c** são oblíquas.

Figura ______.
Conclusão:

As retas **a** e **c** são ____________________
______________________________.

**3** As retas **m** e **n** são perpendiculares.
As retas **n** e **p** são oblíquas.

Figura ______.
Conclusão:

As retas **m** e **p** são ____________________
______________________________.

**4** As retas **x** e **y** são paralelas.
As retas **y** e **z** são paralelas.

Figura ______.
Conclusão:

As retas **x** e **z** são ____________________
______________________________.

## VÁRIAS VISTAS DE UM MESMO DADO

As figuras abaixo mostram três vistas de um mesmo dado.

- Descubra como são as seis faces desse dado e assinale com **X** a alternativa correta.

  - [ ] 2 vermelhas, 3 verdes, 2 amarelas e 2 azuis
  - [ ] 1 amarela, 1 vermelha, 1 azul e 3 verdes
  - [ ] 1 amarela, 2 vermelhas, 2 azuis e 1 verde
  - [ ] 1 amarela, 1 vermelha, 2 azuis e 2 verdes
  - [ ] 2 amarelas, 2 vermelhas, 1 azul e 1 verde

- Agora, pinte as faces destas outras duas vistas do mesmo dado.

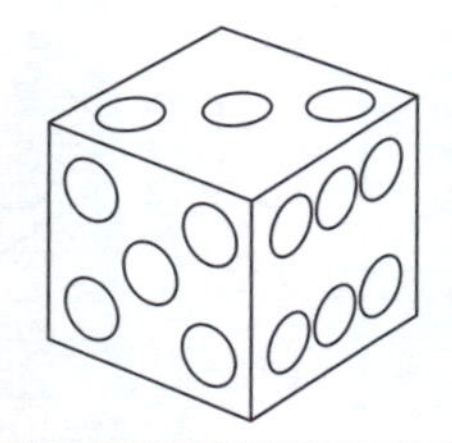
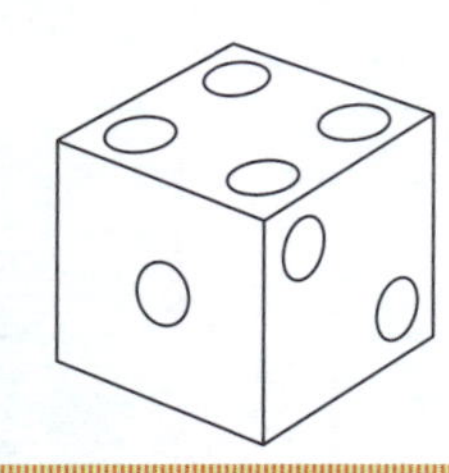

## SIMETRIA: VAMOS COMPLETAR?

Complete as figuras com a parte simétrica ao que já está desenhado. Considere o eixo traçado.

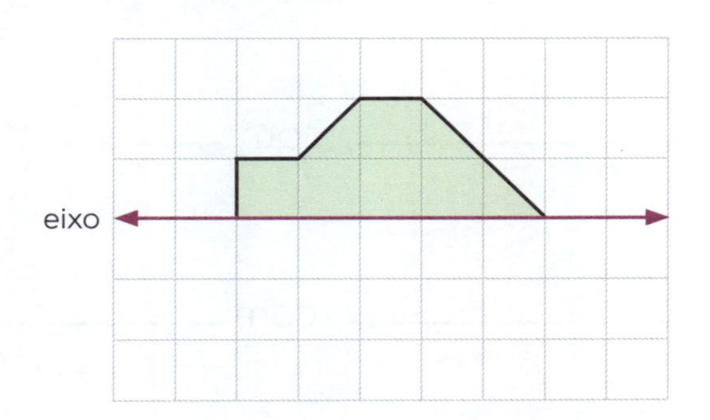


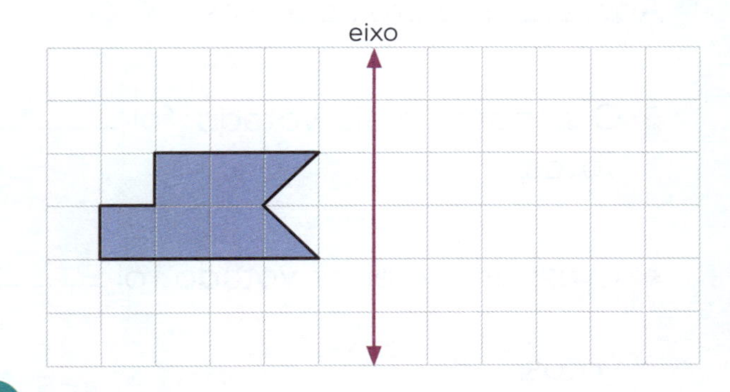

## PESQUISA SOBRE ESPORTES

Os 30 alunos de uma turma foram consultados com a seguinte pergunta:

"Qual esporte você prefere entre natação (**N**), voleibol (**V**), futebol (**F**) e tênis (**T**)?"

Após a votação, os alunos registraram o resultado da pesquisa nas três formas mostradas abaixo.

- Complete tudo o que falta em cada forma.

a) Tabela

**Esporte preferido**

| Esportes | N | V | F | T |
|---|---|---|---|---|
| Marcas | | ⊠ \| | | |
| Votos | | | | |

b) Gráfico de barras

c) Gráfico de setores

**Esporte preferido**

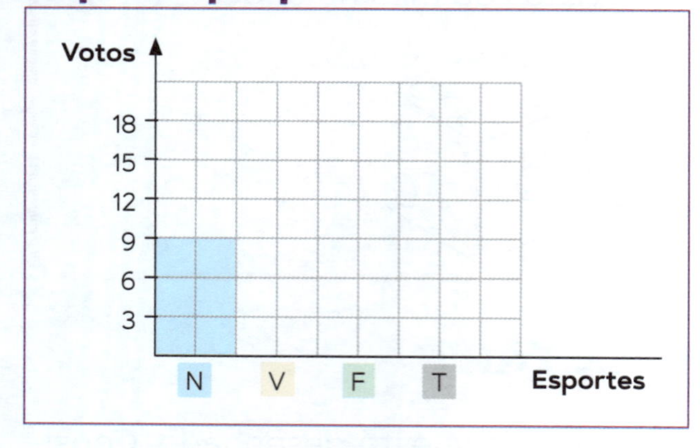


**Esporte preferido**

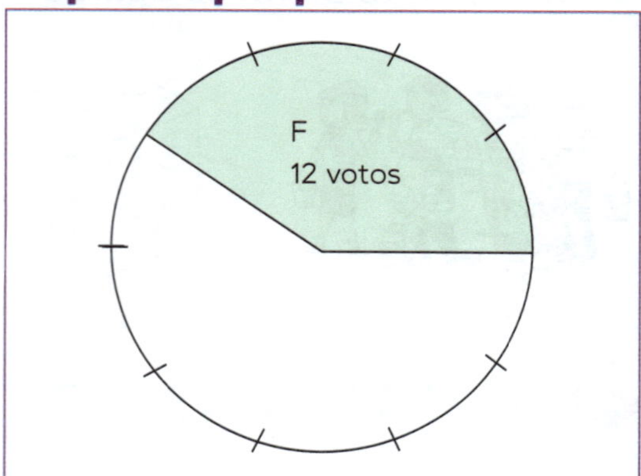


- Agora, complete as frases:

d) O esporte mais votado foi ______________________, com ________ votos.

e) O esporte menos votado foi ______________________, com ________ votos.

## JOGO DE TRILHA: QUEM ESTÁ NA FRENTE?

Observe os dois gráficos de barras, que mostram as 4 primeiras rodadas do jogo.
No primeiro, está a pontuação de Raul. No segundo, está a pontuação de Paulo.

**Pontuação de Raul**

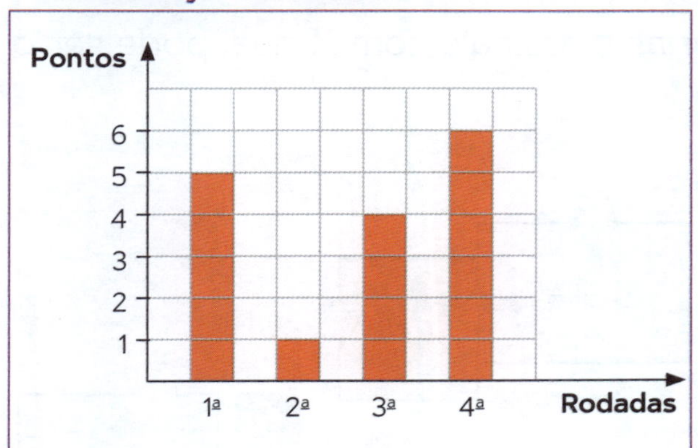


**Pontuação de Paulo**

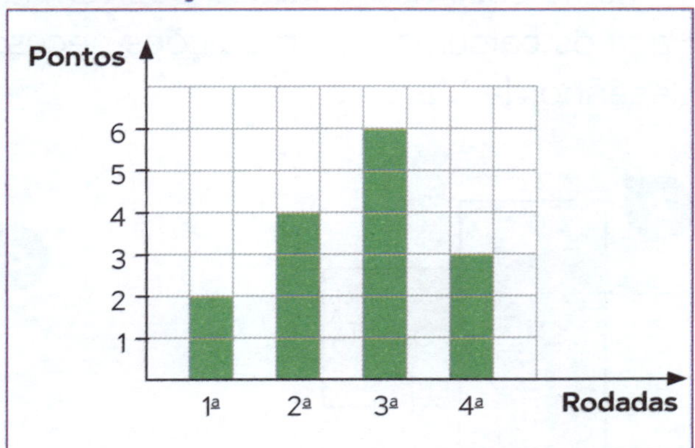


Marque com ● as casas da trilha atingidas por Raul no final de cada uma das quatro rodadas. Faça o mesmo marcando com ● as casas da trilha atingidas por Paulo.

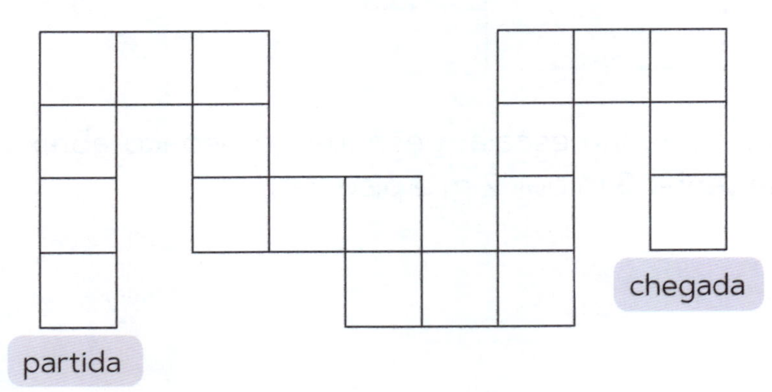


Agora, responda:

a) Quem está na frente após as 4 rodadas? ____________________

b) Quantos pontos ele deve fazer, no mínimo, para atingir a CHEGADA na 5ª rodada? ________

c) No final de qual rodada os dois jogadores atingiram a mesma casa da trilha? ________

d) Quem avançou 6 casas na 3ª rodada? ____________________

e) Quantas casas Paulo avançou na 2ª rodada? ________

## ESCALA

O símbolo ⊢2 m⊣ indica uma escala.

Ela mostra que, em um desenho, o comprimento de 1 cm corresponde a 2 m na realidade.

- Marcelo desenhou, nessa escala, uma sala retangular que tem 6 m por 4 m e uma cozinha quadrada que tem lados de 4 m.

Faça os cálculos e as medições necessárias e assinale com **X** qual pode ser o desenho de Marcelo.

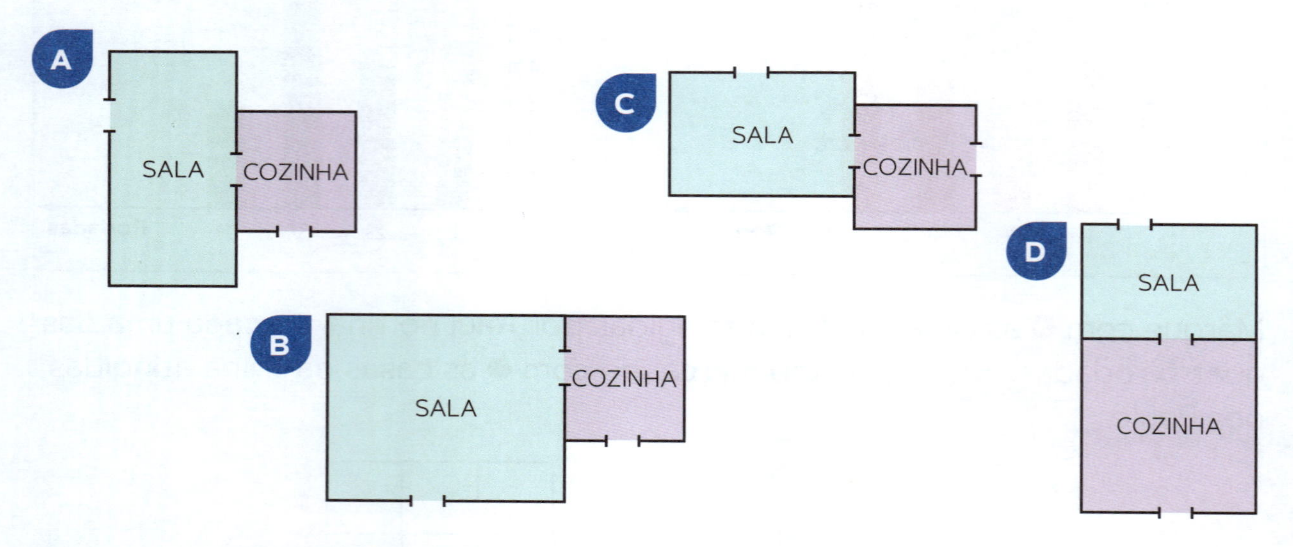


- Agora, usando a mesma escala, desenhe no espaço abaixo um corredor retangular que tenha 6 m por 2 m e piso verde.

## ANALOGIA: FAZER E REGISTRAR

- Peixe – escama  Passarinho – ____________  Gato – ____________
- 132 é para 133 o que 41 é para 42, o que 97 é para ________ e o que ________ é para 200

## CARROS, DISTÂNCIAS, TEMPOS E VELOCIDADES

Observe a figura abaixo. Nela está representado um percurso que liga os pontos **A** e **B**.

Esse percurso tem 100 km e está dividido em 10 partes iguais.

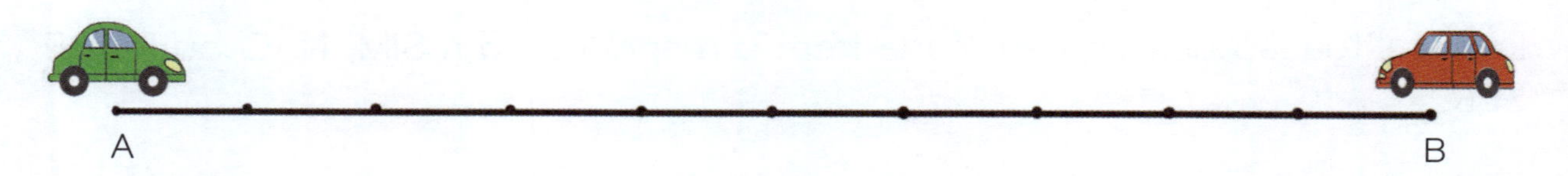


Às 8 horas, um carro verde saiu de **A** em direção a **B**, e um carro vermelho saiu de **B** em direção a **A**.

Das 8 h às 8 h e 15 min, o carro **A** percorreu 20 km e o carro **B** percorreu 25 km.

**a)** Responda:

Qual era a medida da distância entre os dois carros às 8 horas? ____________

E às 8 h 15 min? ____________

**b)** Desenhe os carros verde e vermelho em suas posições às 8 h 15 min.

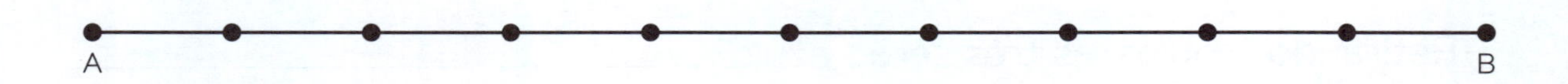


**c)** Complete as frases:

- Mantendo a mesma média, o carro verde percorre ________ km em 1 hora, ou seja, sua velocidade média é de ________ km/h.
- Já o carro vermelho tem velocidade média de ________ km/h.
- Com essas velocidades, o carro verde gastará ________ minutos para fazer todo o percurso e o carro vermelho gastará ________ minutos.

## SIM, NÃO OU PODE SER

Em uma caixa foram colocadas as bolas ilustradas a seguir.

Leia a situação descrita em cada item e responda com SIM, NÃO ou PODE SER.

a) Retirando 5 bolas, uma delas será verde? ______

b) Retirando 5 bolas, três delas serão azuis? ______

c) Retirando 5 bolas, pelo menos duas serão vermelhas? ______

d) Retirando 5 bolas, haverá uma de cada cor? ______

e) Retirando 4 bolas, pelo menos uma será vermelha? ______

f) Retirando 4 bolas, todas terão a mesma cor? ______

g) Retirando 4 bolas, haverá pelo menos uma azul e uma verde? ______

h) Retirando 4 bolas, haverá pelo menos duas de cores diferentes? ______

i) Retirando 3 bolas, as três serão vermelhas? ______

j) Retirando 3 bolas, as três serão azuis? ______

k) Retirando 3 bolas, duas serão verdes e uma vermelha? ______

## ANALOGIA: FAZER E REGISTRAR

- As letras formam as palavras como os algarismos formam os ______.
- Um triângulo está para 3 lados assim como um quadrilátero está para ______ lados e um ______ está para 6 lados.

## CÁLCULO MENTAL, ESTIMATIVA E VERIFICAÇÃO

### Cálculo mental

Beto efetuou várias operações na ordem indicada abaixo. Calcule mentalmente o número que será obtido no final.

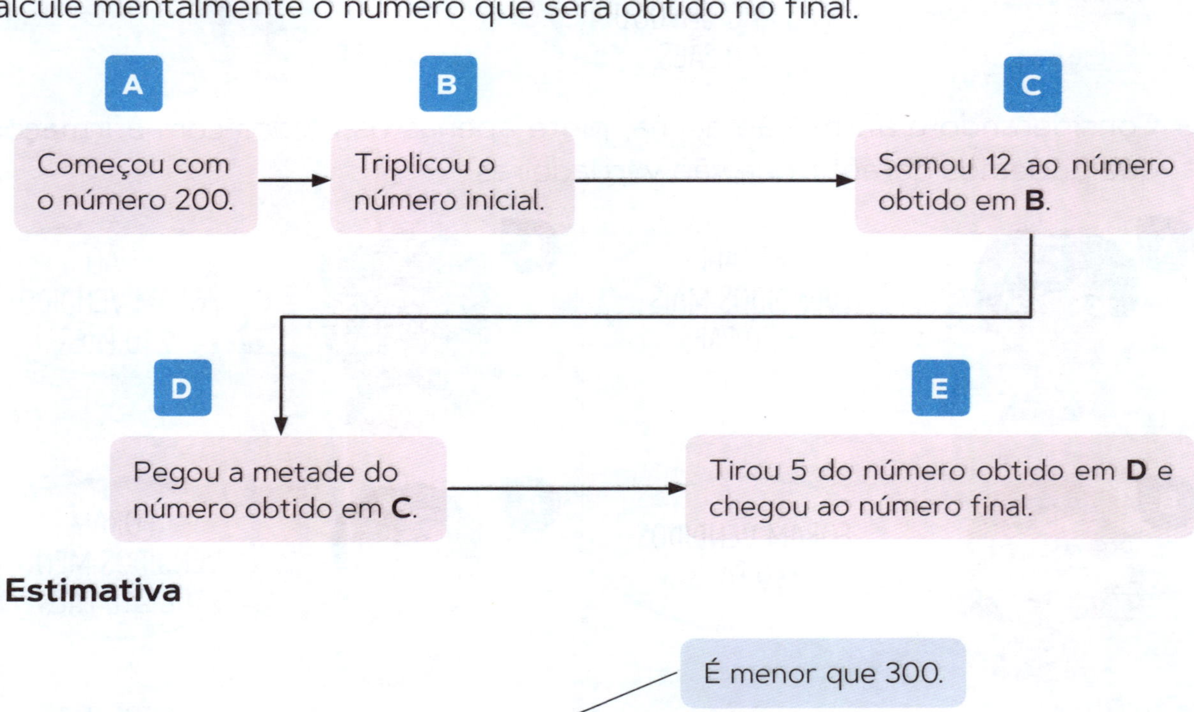


### Estimativa

Assinale o que você estima ser o número final, obtido em **E**.

- É menor que 300.
- É um número de 300 a 400.
- É maior que 400.

### Verificação

Calcule mentalmente e complete os espaços:

Número obtido em **A**: ________.

Número obtido em **B**: ________.

Número obtido em **C**: ________.

Número obtido em **D**: ________.

Número obtido em **E**: ________.

- Como foi sua estimativa?

☐ Boa.　　☐ Ruim.

## NA PADARIA DA ESQUINA!

Veja o que afirmou o dono da padaria:

HOJE, NOSSA VENDA PASSOU DE 100 PÃES, MAS NÃO CHEGOU A 200 PÃES.

- Considerando a afirmação acima, pinte apenas os balões com afirmações que podemos garantir que são verdadeiras.

**A**

FORAM VENDIDOS MAIS DE 70 PÃES.

**B**

FORAM VENDIDOS 180 PÃES.

**C**

PODEM TER SIDO VENDIDOS 180 PÃES.

**D**

FORAM VENDIDOS MAIS DE 150 PÃES.

**E**

NÃO FORAM VENDIDOS 210 PÃES.

**F**

FORAM VENDIDOS MENOS DE 210 PÃES.

**G**

FORAM VENDIDOS ENTRE 110 E 170 PÃES.

**H**

FORAM VENDIDOS ENTRE 1 E 2 CENTENAS DE PÃES.

- Agora, complete a frase com números.

FORAM VENDIDOS NO MÍNIMO ________ PÃES E NO MÁXIMO ________ PÃES.

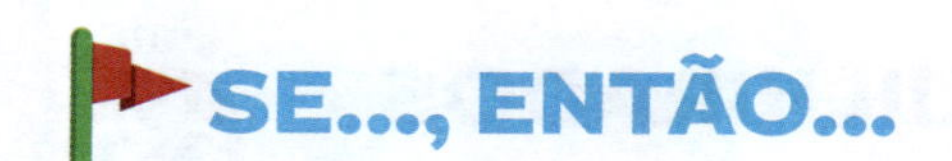

## SE..., ENTÃO...

Leia com atenção e complete as frases com uma conclusão correta.

a) Se um número é par, é maior do que 198 e é menor que 202, então esse número é o ________.

b) Se um sólido geométrico tem 6 faces, todas quadradas e iguais, então esse sólido é um ____________.

c) Se João tem R$ 20,00 e cada pão de mel custa R$ 3,00, então João pode comprar, no máximo, ________ pães de mel.

d) Se Marina tem 1 m e 62 cm de altura, então podemos afirmar que Marina tem ________ cm de altura.

e) Se um ângulo é reto, então a medida de sua abertura é ________.

f) Se um número é múltiplo de 7 e fica entre 80 e 90, então esse número é o ________.

g) Se uma fração tem denominador 6 e é equivalente a $\frac{2}{3}$, então essa fração é ________.

## ANALOGIA: FAZER E REGISTRAR

- A "água doce" está para o rio assim como a "água salgada" está para o ____________.
- 500 metros representam para 1 quilômetro o mesmo que 50 milímetros representam para 1 centímetro e _______ centímetros representam para _______ metro

# “PESOS” IGUAIS, PRATOS EQUILIBRADOS

Os cubos coloridos desenhados abaixo foram feitos com diferentes materiais. Observe suas cores e seus pesos.

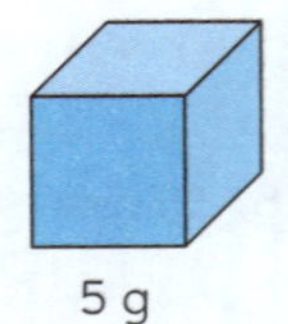
5 g

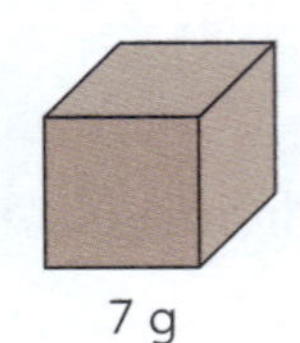
7 g

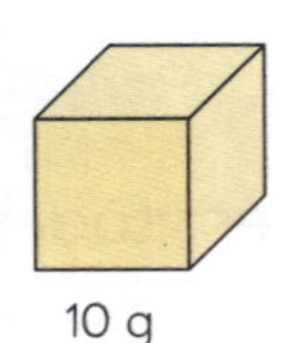
10 g

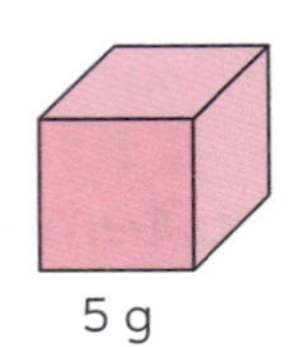
5 g

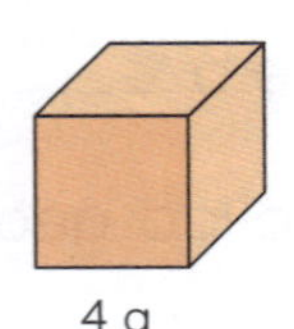
4 g

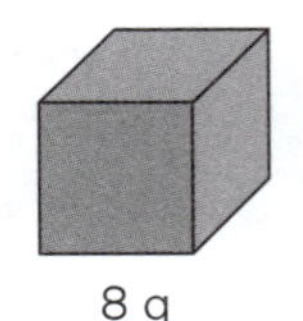
8 g

Com uma balança de pratos, podemos equilibrar os pesos em várias situações. Veja uma delas (5 + 10 = 7 + 8):

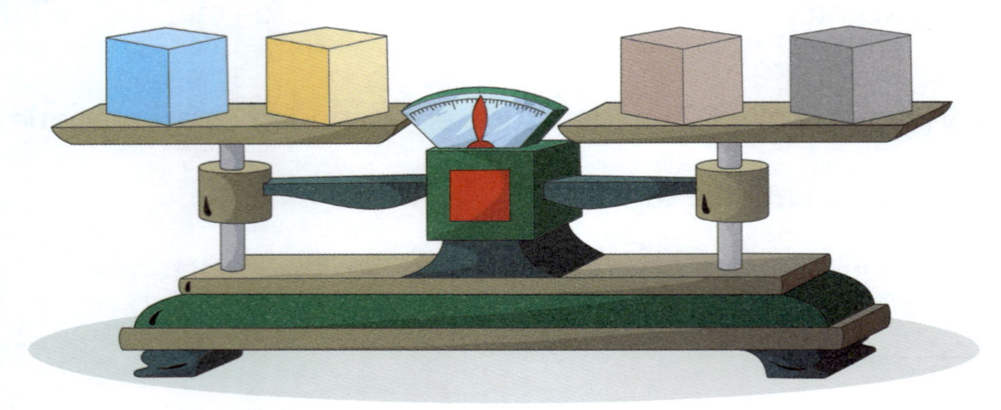

Pinte os cubos que faltam para que haja equilíbrio dos pratos em mais estes casos:

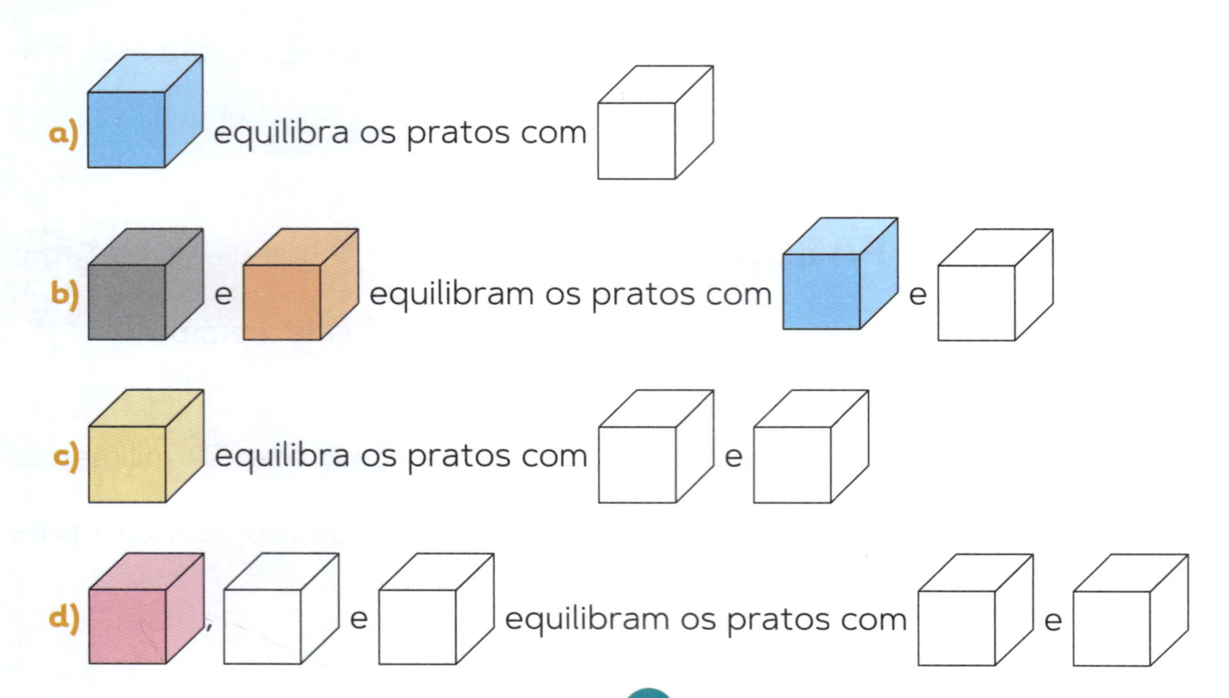

a) [cubo azul] equilibra os pratos com [cubo]

b) [cubo cinza] e [cubo laranja] equilibram os pratos com [cubo azul] e [cubo]

c) [cubo amarelo] equilibra os pratos com [cubo] e [cubo]

d) [cubo rosa], [cubo] e [cubo] equilibram os pratos com [cubo] e [cubo]

## CÁLCULO MENTAL: FRAÇÃO DE NÚMERO

- Analise a situação e siga o roteiro para obter a resposta:

João tinha R$ 30,00 e gastou $\frac{3}{5}$ dessa quantia. Com quanto ele ficou?

**1.** João gastou $\frac{3}{5}$ de 30.

Para descobrir quanto João gastou, faça os cálculos mentalmente e complete os espaços:

_______ ÷ _______ = _______ e _______ × _______ = _______.

**2.** Para calcular com quanto João ficou, faça:

_______ – _______ = _______.

**3.** Resposta: João ficou com R$ _____________.

- Calcule mentalmente e complete os espaços.

a) $\frac{1}{2}$ de 12 = _______

b) $\frac{2}{3}$ de 12 = _______

c) $\frac{4}{5}$ de 20 = _______

d) $\frac{5}{9}$ de 27 = _______

e) $\frac{7}{10}$ de 500 = _______

f) $\frac{1}{100}$ de 23 000 = _______

g) $\frac{1}{5}$ de 400 = _______

h) $\frac{3}{20}$ de 6 000 = _______

## FAIXA DECORATIVA: VAMOS COMPLETAR?

Descubra a regularidade para completar a sequência.

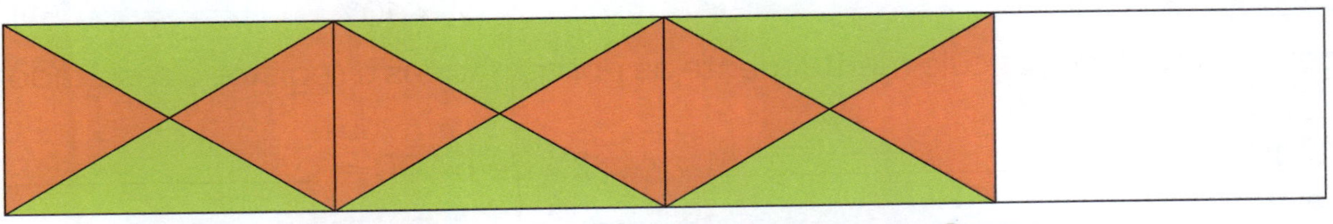

# CÁLCULO MENTAL: PORCENTAGEM DE NÚMEROS

- 1% (um por cento) significa 1 em 100 ou $\frac{1}{100}$

1% de 4 000 = 40 ← 4 0~~0~~~~0~~

1% de 135 = 1, 3 5

- 10% (dez por cento) significa 10 em 100 ou $\frac{10}{100}$ ou $\frac{1}{10}$

10% de 4 000 = 400 ← 400~~0~~

10% de 135 = 13,5

- 3% de 200 = 3 × 2 = 6 (3 × 1%)
- 70% de 200 = 7 × 20 = 140 (7 × 10%)

Agora é com você. Calcule mentalmente as porcentagens e registre o resultado.

a) 1% de 700 = ____________________

b) 10% de 480 = ____________________

c) 1% de 650 = ____________________

d) 10% de 95 = ____________________

e) 2% de 6 000 = ____________________

f) 40% de 80 = ____________________

g) 1% de R$ 2.500,00 = ____________________

h) 10% de R$ 345,00 = ____________________

## CAMINHOS SIMÉTRICOS: VAMOS TRAÇAR?

**1.** Inicialmente, trace o caminho verde de acordo com o roteiro indicado abaixo. Ande sobre a linha contando 1 para cada lado do quadrinho.

**2.** Agora, escreva um roteiro para o caminho azul de modo que ele seja simétrico ao caminho verde traçado.

**3.** Finalmente, trace o segundo caminho, em azul, para conferir a simetria.

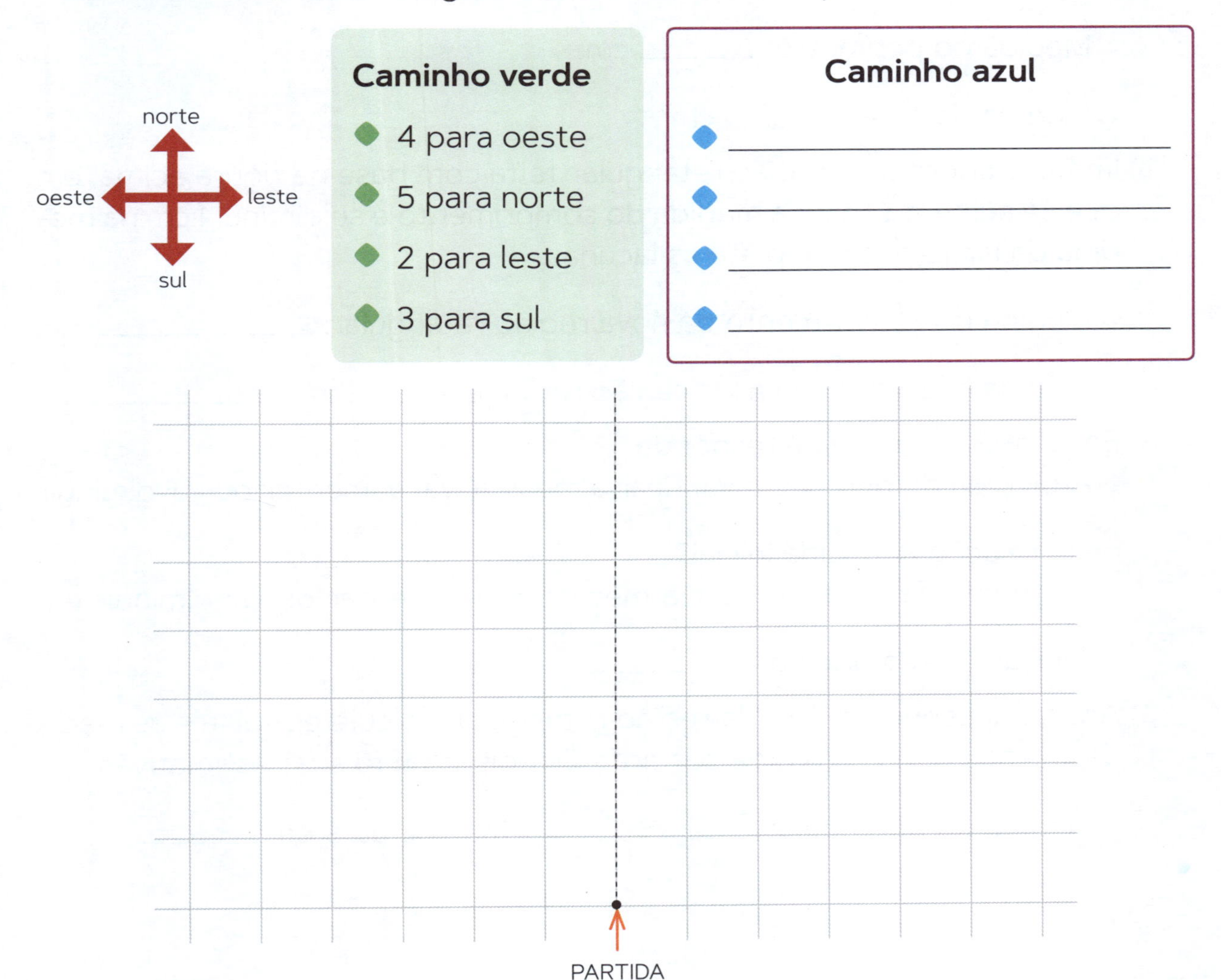


**Caminho verde**

- 4 para oeste
- 5 para norte
- 2 para leste
- 3 para sul

**Caminho azul**

- ______________________
- ______________________
- ______________________
- ______________________

## SEQUÊNCIA: VAMOS COMPLETAR?

Descubra a regularidade para completar a sequência.

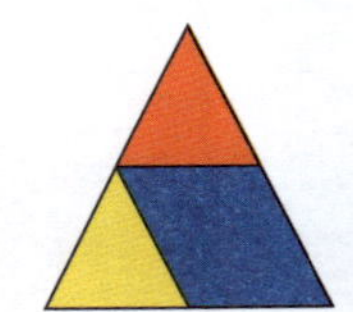 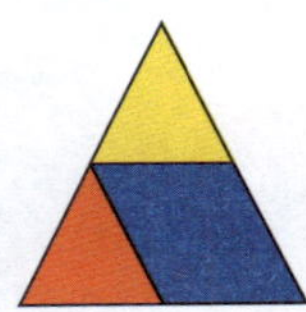  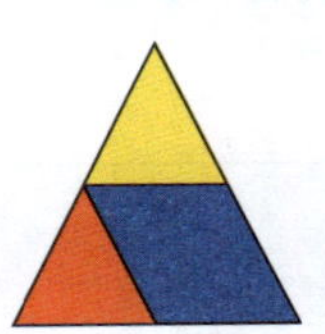 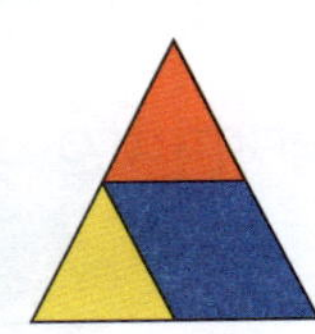 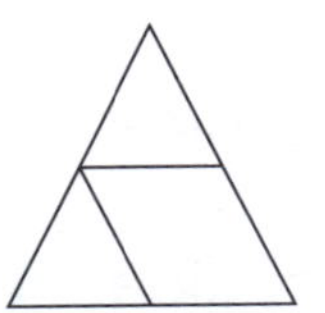 

# ESTIMATIVAS COM MEDIDAS DE PERÍMETRO E DE ÁREA

a) Veja a região retangular que André desenhou e complete as lacunas:

- Medida do comprimento: ________ cm.
- Medida da largura: ________ cm.
- Medida do perímetro: ________ cm.
- Medida da área: ________ $cm^2$.

comprimento

largura

b) Imagine agora uma região retangular feita com base na figura acima, em que se aumenta 1 cm na medida do comprimento e se diminui 1 cm na medida da largura, e complete as lacunas:

- Medida do comprimento da nova região retangular: ____________________.
- Medida da largura da nova região retangular: ____________________.

c) Faça uma estimativa e responda:

- A medida do perímetro vai ficar a mesma, vai aumentar ou vai diminuir em relação à medida inicial? ____________________.
- A medida da área vai ficar a mesma, vai aumentar ou vai diminuir em relação à área original? ____________________.

d) Agora, desenhe a segunda região retangular, calcule e registre as medidas de seu perímetro e de sua área. Depois, confira suas estimativas.

- Medida do perímetro: ________.
- Medida da área: ________.

e) Finalmente, indique se suas estimativas foram iguais às medidas registradas.

- Da medida do perímetro: ____________________.
- Da medida da área: ____________________.

# MEDIDA DE VOLUME

DESCUBRA E RESPONDA

Todas as construções desenhadas abaixo foram feitas com cubinhos com arestas de 1 cm.

Então, o cubo desenhado ao lado tem dimensões de 2 cm, 2 cm e 2 cm.

Seu volume mede 8 cm³ ($2 \times 2 \times 2 = 8$).

**1.** Considere o paralelepípedo desenhado ao lado e escreva:

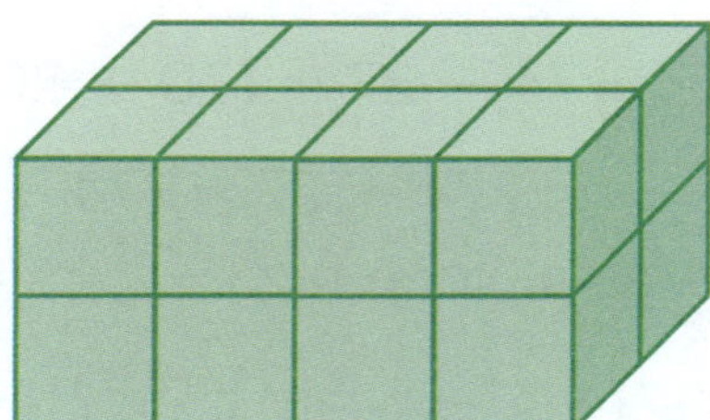

- medidas das dimensões:

_______________, _______________ e _______________;

- medida do volume: _______________.

**2.** Observe agora os paralelepípedos **A**, **B**, **C** e **D** desenhados abaixo. Escreva a medida de seus volumes em cm³.

V = ________

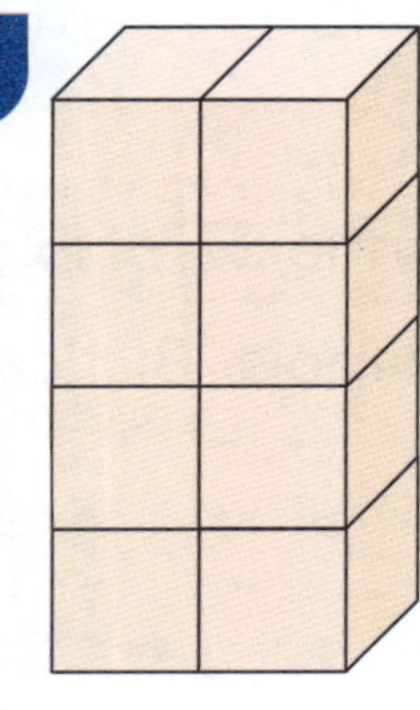

V = ________

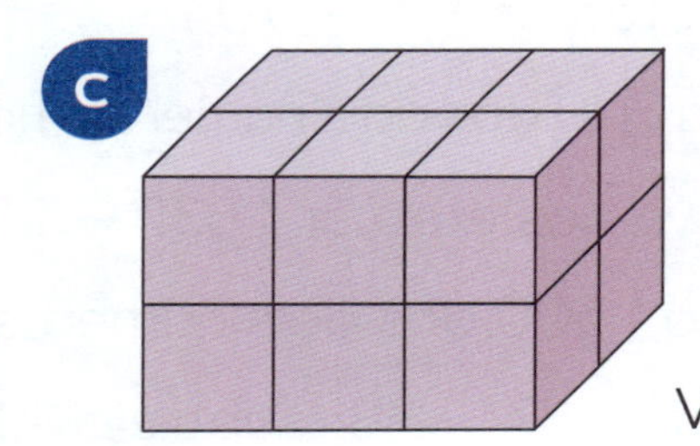

V = ________

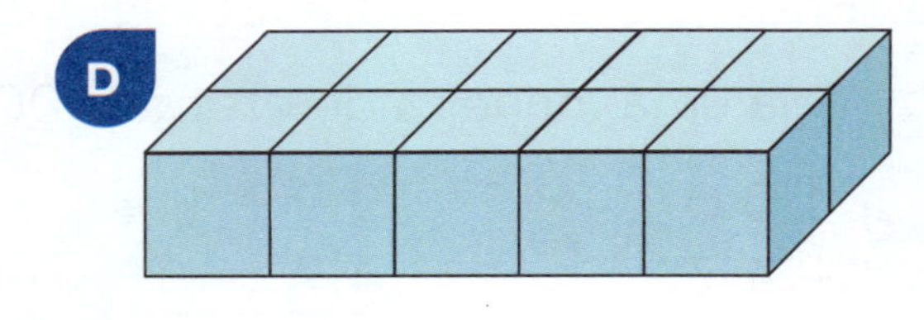

V = ________

**3.** Considerando os paralelepípedos da atividade 2, responda:

**a)** Juntando dois desses paralelepípedos, é possível montar um cubo. Quais são os dois paralelepípedos? ________ e ________

**b)** Quais são as medidas das dimensões do cubo que será formado? ________, ________ e ________

## CÁLCULO MENTAL

Vamos aprender métodos diferentes de efetuar adições e subtrações? Acompanhe os exemplos e depois faça o que se pede.

### Adição

a) $47 + 12 + 25 + 18 + 23 = (47 + 23) + (12 + 18) + 25 =$

$= (70 + 30) + 25 = 125$

b) $74 + 27 = (70 + 20) + (4 + 7) = 90 + 11 = 90 + 10 + 1 = 100 + 1 = 101$

ou $74 + 27 = (74 + 20) + 7 = 94 + 7 = 94 + 6 + 1 = 100 + 1 = 101$

Agora, você faz:

- $45 + 13 + 15 + 17 + 12 =$ ____________
- $86 + 18 =$ ____________

### Subtração

a) Vamos efetuar 745 − 704.

Subtraio 700 dos dois números, ficando 45 − 4 = 41. Então, 745 − 704 = 41.

b) Agora, vamos efetuar 1 537 − 1 518.

Subtraio 1 500 dos dois números, ficando 37 − 18.

Para fazer 37 − 18, subtraio 10 e, depois, 8, ficando 37 − 10 = 27 e 27 − 8 = 19.

Então, 1537 − 1518 = 19.

c) Veja uma maneira de efetuar 100 − 47:

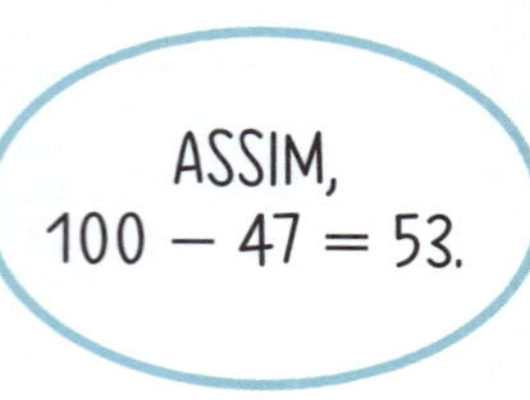

$$\begin{array}{r} 100 \\ -\ 47 \\ \hline \end{array} \rightarrow \begin{array}{r} 99+1 \\ -\ 47\phantom{+1} \\ \hline 52+1 = 53 \end{array}$$

d) Vamos efetuar 1 002 − 569 pelo mesmo método:

$$\begin{array}{r} 1002 \\ -\ 569 \\ \hline \end{array} \rightarrow \begin{array}{r} 999+3 \\ -\ 569\phantom{+3} \\ \hline 430+3 = 433 \end{array}$$

Então, 1002 − 569 = 433.

Agora, você faz:

- 1357 − 1349 = ____________
- 1001 − 749 = ____________
- 100 − 38 = ____________
- 10 002 − 5 758 = ____________

# CÁLCULO MENTAL COM NÚMEROS DECIMAIS

Siga o roteiro indicado e complete as lacunas

a) 14,58 + 0,3 → SOME 3 DÉCIMOS AOS 5 DÉCIMOS DE 14,58. → 14,58 + 0,3 = ____________

b) 14,58 + 3 → Some 3 unidades às 14 unidades de 14,58.

14,58 + 3 = __________

c) 14,58 − 0,03 → TIRE 3 CENTÉSIMOS DOS 8 CENTÉSIMOS DE 14,58. → 14,58 − 0,03 = __________

d) 14,58 − 1,2 → Tire 1 de 14 e tire 2 de 5 em 14,58. → 14,58 − 1,2 = __________

e) 2 × 0,04 → FAÇA 2 × 4 CENTÉSIMOS. → 2 × 0,04 = ________________

f) 0,6 ÷ 3 → Divida 6 décimos por 3. → 0,6 ÷ 3 = ________________________

Agora, escolha um caminho, calcule mentalmente e complete as frases.

g) A soma de 3,4 com 1,03 é ________________.

h) A diferença entre 5,2 e 0,2 é ______________.

i) O produto de 2 e 1,3 é ________________.

j) O quociente de 1,5 por 3 é ______________.

## NÃO EXISTE, EXISTE UM SÓ OU EXISTE MAIS DE UM

Escreva uma dessas opções em cada item abaixo.
No caso de existir um só, indique qual é. Se existir mais de um, dê dois exemplos.

a) número natural entre 45 e 47

______________________

______________________

e) número par terminado em 3

______________________

______________________

b) número natural entre 19 e 20

______________________

______________________

f) mês com mais de 30 dias

______________________

______________________

c) número natural entre 197 e 203

______________________

______________________

g) número ímpar entre 75 e 81

______________________

______________________

d) mês com menos de 30 dias

______________________

______________________

h) mês com mais de 31 dias

______________________

______________________

## SEQUÊNCIAS: VAMOS COMPLETAR?

Em cada sequência, descubra a regularidade e use-a para completar o que falta.

- A, 5, B, 10, C, 15, D, 20, ___, ___, ___, ___
- A, 1, E, 2, I, 3, ___, ___, ___, ___

# CAÇA ÀS FIGURAS GEOMÉTRICAS

Observe os exemplos de localização de figuras desenhadas no quadro:

- Temos uma esfera em (coluna **B**, linha 2).
- Em (coluna **A**, linha 2), temos um ângulo obtuso.

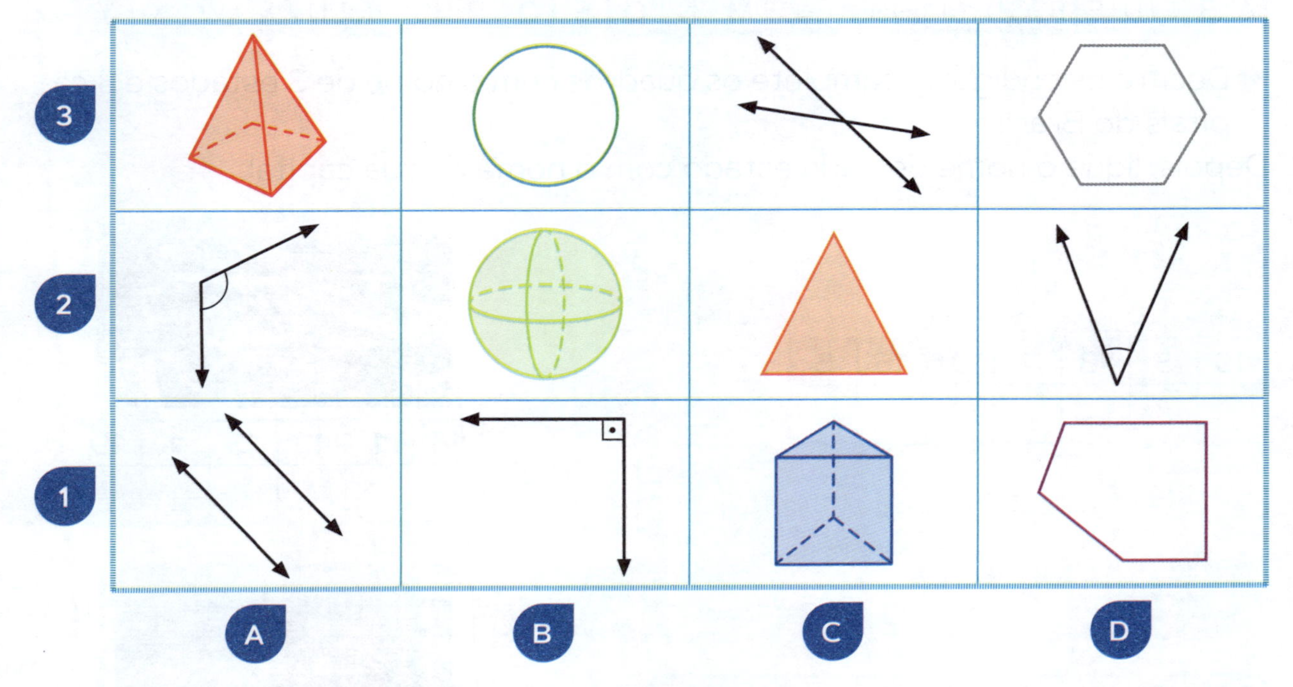


Indique a localização das figuras citadas.

a) Duas retas concorrentes: (coluna ______, linha ______).

b) Região triangular: (coluna ______, linha ______).

c) Duas retas paralelas: (coluna ______, linha ______).

d) Pentágono: (coluna ______, linha ______).

Agora, descreva a figura das localizações a seguir:

e) (coluna **D**, linha 2): ________________________________________

f) (coluna **B**, linha 1): ________________________________________

g) (coluna **A**, linha 3): ________________________________________

h) (coluna **C**, linha 1): ________________________________________

# NOME DE ESTADOS E CAPITAIS DO BRASIL EM CÓDIGO

| Código | | | | | | | | | | | | | | | | | | | | | | | | | |
|---|---|---|---|---|---|---|---|---|---|---|---|---|---|---|---|---|---|---|---|---|---|---|---|---|---|
| 1 | 2 | 3 | 4 | 5 | 6 | 7 | 8 | 9 | 10 | 11 | 12 | 13 | 14 | 15 | 16 | 17 | 18 | 19 | 20 | 21 | 22 | 23 | 24 | 25 | 26 |
| A | B | C | D | E | F | G | H | I | J | K | L | M | N | O | P | Q | R | S | T | U | V | W | X | Y | Z |

- Decifre os códigos e complete os quadros com o nome de 3 estados e 3 capitais do Brasil.

Depois, ligue o nome de cada estado com o nome de sua capital.

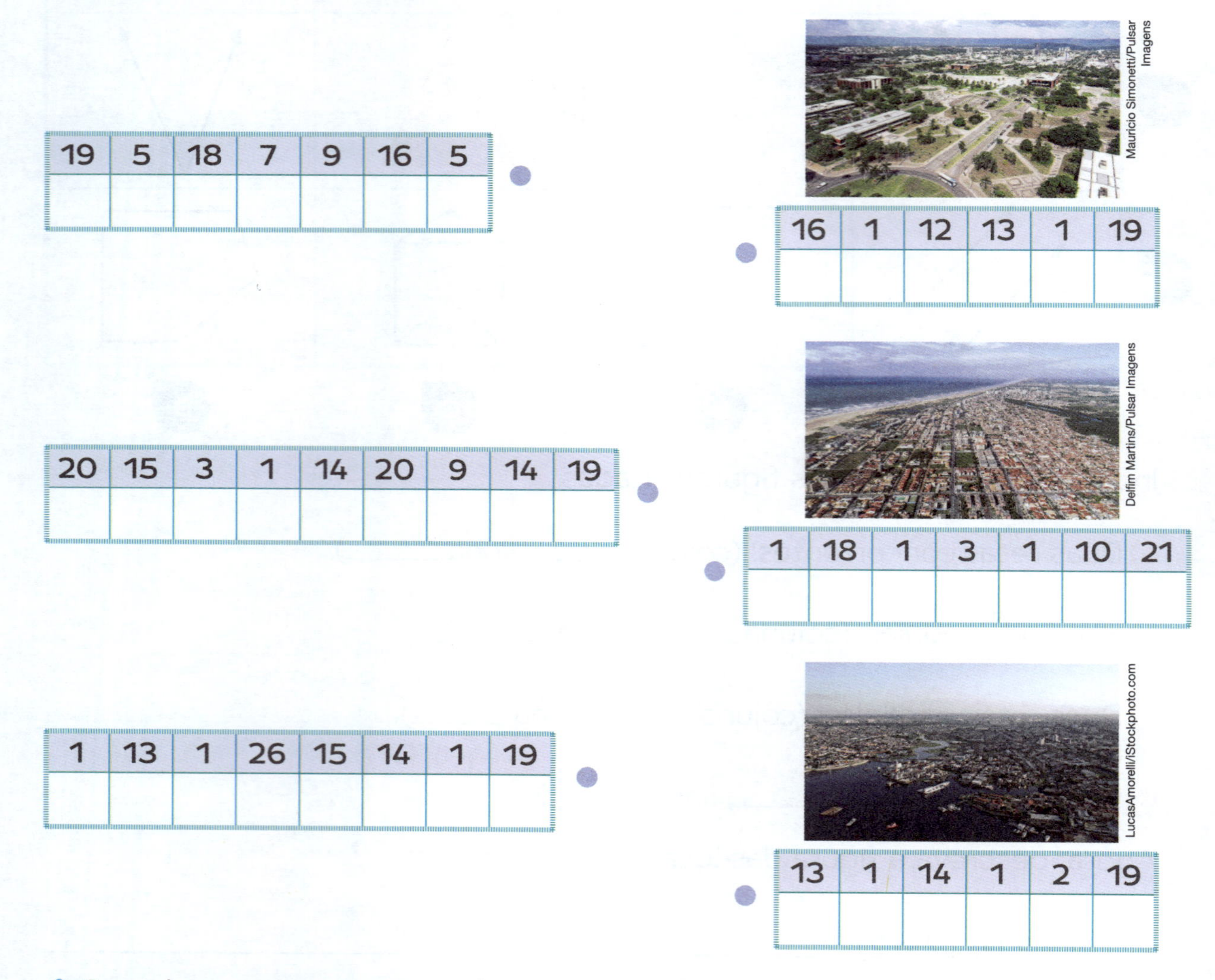

| 19 | 5 | 18 | 7 | 9 | 16 | 5 |
|---|---|---|---|---|---|---|
| | | | | | | |

Maurício Simonetti/Pulsar Imagens

| 16 | 1 | 12 | 13 | 1 | 19 |
|---|---|---|---|---|---|
| | | | | | |

| 20 | 15 | 3 | 1 | 14 | 20 | 9 | 14 | 19 |
|---|---|---|---|---|---|---|---|---|
| | | | | | | | | |

Delfim Martins/Pulsar Imagens

| 1 | 18 | 1 | 3 | 1 | 10 | 21 |
|---|---|---|---|---|---|---|
| | | | | | | |

| 1 | 13 | 1 | 26 | 15 | 14 | 1 | 19 |
|---|---|---|---|---|---|---|---|
| | | | | | | | |

LucasAmorelli/iStockphoto.com

| 13 | 1 | 14 | 1 | 2 | 19 |
|---|---|---|---|---|---|
| | | | | | |

- Complete mais este exemplo com os números e as letras do código:

| Estado | | | | |
|---|---|---|---|---|
| B | | H | | A |
| | | | | |

| Capital | | | | | | | |
|---|---|---|---|---|---|---|---|
| | | | | | | | |
| | | | | | | | |

## PARA CADA LETRA, UM ALGARISMO. PARA LETRAS DIFERENTES, ALGARISMOS DIFERENTES

- Com as operações indicadas nos quadros azuis, você vai descobrir o algarismo correspondente a cada letra.

Registre os números nos quadrinhos amarelos.

$$\begin{array}{r} A\ B \\ +\ A\ B \\ \hline C\ B\ B \end{array} \qquad \begin{array}{r} A \\ \times\ A \\ \hline D\ A \end{array} \qquad \begin{array}{r} A\ A \\ -\ D\ C \\ \hline F\ E \end{array}$$

$DE \div F = G$

$EG \div G = H$

$$\begin{array}{r} C\ I \\ \times\ \ I \\ \hline C\ J\ C \end{array}$$

| A | B | C | D | E | F | G | H | I | J |
|---|---|---|---|---|---|---|---|---|---|
| | | | | | | | | | |

- Agora, descubra e indique o resultado usando letras. Siga o exemplo.

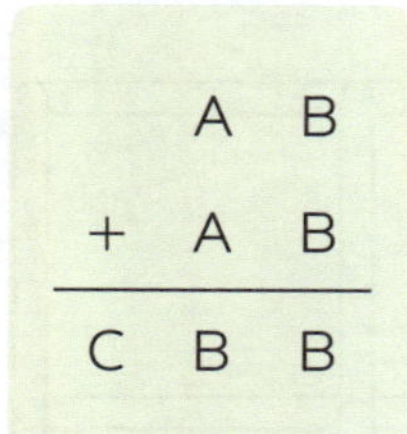

$FG + IA = CFF$

$$\begin{array}{r} {}^{1}3\ 8 \\ +\ 9\ 5 \\ \hline 1\ 3\ 3 \end{array}$$

**a)** $H \times CF =$ ______

**b)** $DEG - AD =$ ______

## MOSAICO: VAMOS COMPLETAR?

Descubra a regularidade para completar o mosaico.

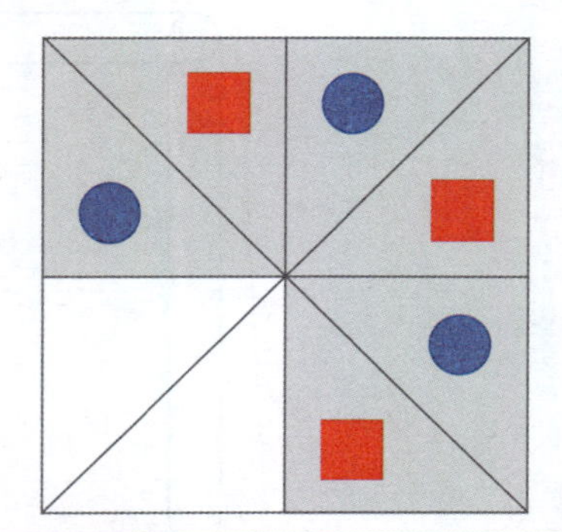

# CONSTRUÇÕES COM PALITOS

a) Mário fez a construção da esquerda usando palitos vermelhos e formou 6 quadrados de mesmo tamanho.
Laura retirou 5 palitos dessa construção, restando 3 quadrados de mesmo tamanho.
Faça isso concretamente com palitos e, depois, pinte na figura da direita só os palitos que restaram.

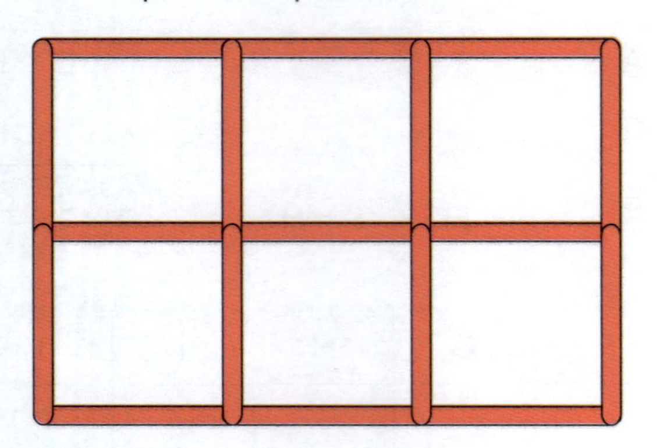

b) Paulo construiu a figura da esquerda com 4 palitos de cores diferentes. Ela representa uma pá e, dentro dela, há uma flor.
O colega dele, Marcelo, mudou a posição de 2 palitos e, com isso, a flor ficou fora da pá, conforme mostra a figura da direita.
Faça o mesmo que Marcelo concretamente. Ao finalizar, pinte os palitos na figura da direita para mostrar como ele fez essa mudança.

## CÁLCULO MENTAL EM SITUAÇÕES-PROBLEMA

Faça os cálculos mentalmente e responda às questões:

a) Pedro tinha R$ 600,00 e gastou 10% dessa quantia na compra de um livro.

LanKS/Shutterstock.com

Quanto custou o livro? ____________________

b) Um candidato recebeu 920 000 votos em uma eleição. Quantos votos faltaram para que ele chegasse a um milhão?

____________________ votos

c) Rodrigo comprou um aparelho de TV. Ele pagou com uma entrada de R$ 120,00, e vai pagar o restante em 5 prestações de R$ 200,00 cada.

EVZ/Shutterstock.com

Quanto ele pagou pela TV? ____________________

d) A medida total da capacidade de um certo reservatório é de 20 000 litros, mas, no momento, só $\frac{3}{4}$ dessa capacidade estão com água.

Quantos litros de água estão no reservatório? ____________________ litros

e) Pedrinho estava pesando 50 kg e, com o regime que fez, emagreceu 2,5 kg.

Quanto Pedrinho pesa agora? ____________________

f) Um time de basquete marcou 49 pontos nos dois primeiros quartos do jogo, e 39 pontos no restante da partida.
No total, o time marcou quantos pontos nesse jogo?

Christopher Hall/Shutterstock.com

__________

## JOGO DA VELHA: MARQUE X PARA VENCER

Imagine que você está marcando **X** no jogo da velha e vai começar uma nova rodada.

Observe as imagens a seguir e marque **X** na linha que garante que você possa vencer o jogo já na própria rodada ou na rodada seguinte.

a)

d)

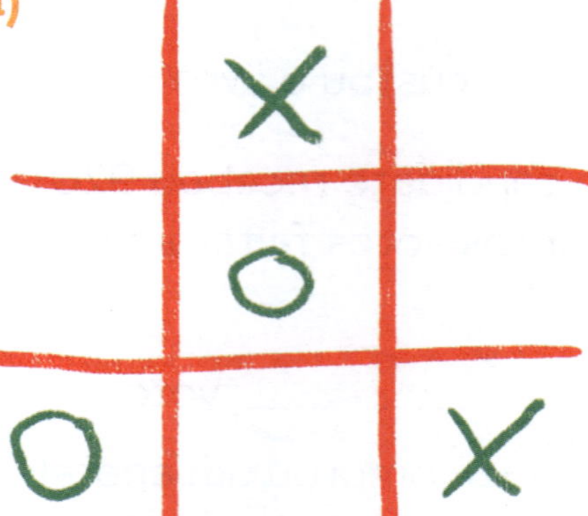

b)

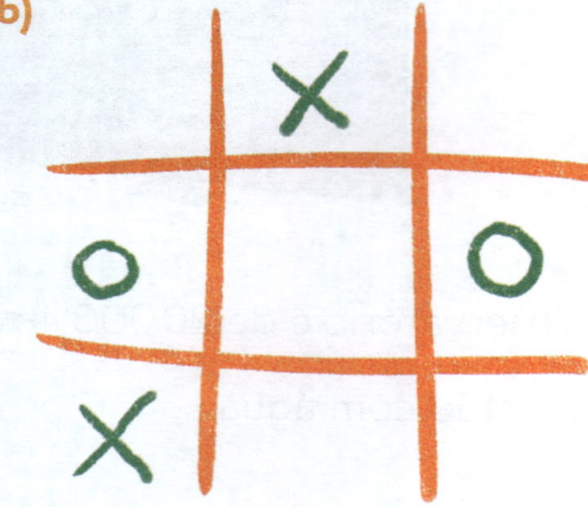

e)

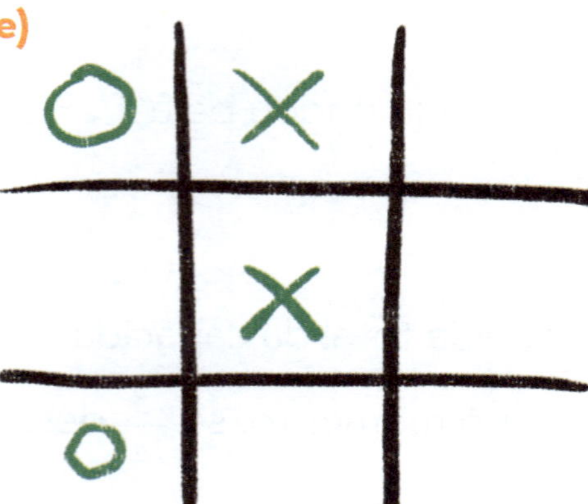

c)

f)

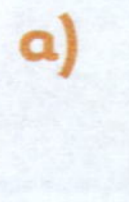

# GRÁFICO DE SETORES E GRÁFICO DE BARRAS: VAMOS RELACIONAR?

Em três grupos de alunos (**A**, **B** e **C**), com 10 crianças em cada grupo, foi feita a seguinte pergunta: Qual é sua cor predileta entre o verde, o amarelo, o azul e o vermelho?

Veja os resultados das respostas registrados em gráficos de setores:

## Cores prediletas

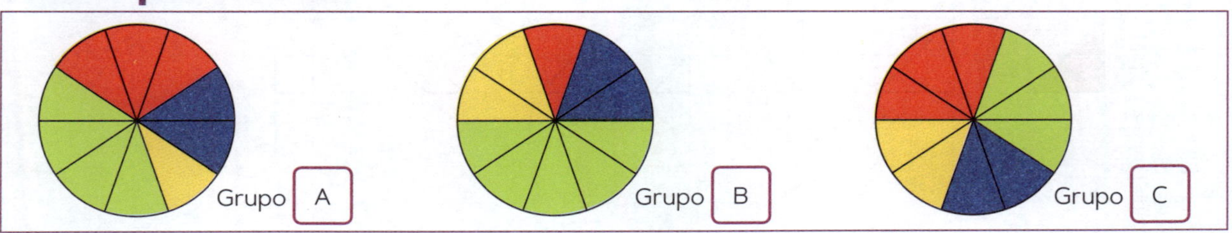


Veja agora os mesmos resultados registrados em gráficos de barras. Relacione-os com os gráficos de setores e coloque nos ☐ as letras dos grupos correspondentes.

## Cores prediletas

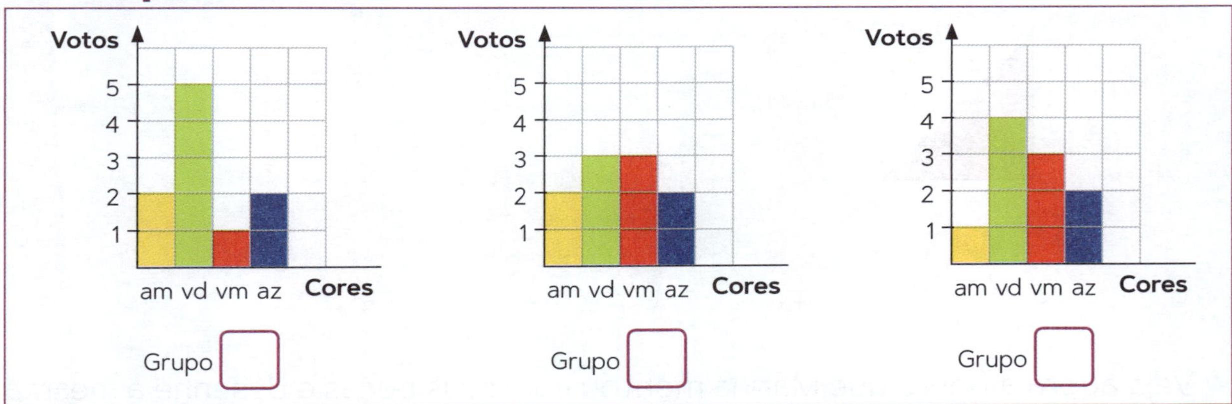


- Avaliação de resultados.

Pinte os quadrinhos de acordo com as cores citadas.

**a)** A cor menos votada no grupo **A**: ☐.

**b)** As cores que tiveram o mesmo número de votos no grupo **B**: ☐ e ☐.

**c)** A cor que teve exatamente 7 votos, considerando os três grupos: ☐.

**d)** A cor que teve mais votos, considerando os três grupos: ☐.

**e)** A cor que teve a mesma votação nos três grupos: ☐.

#  PEÇAS DO TANGRAM: VAMOS AMPLIAR?

PADRÃO

Marina desenhou as 7 peças do Tangram. Depois, recortou-as e montou a figura mostrada ao lado.

- Veja as peças que Marina desenhou e pinte-as de acordo com a figura ao lado. A primeira já foi pintada.

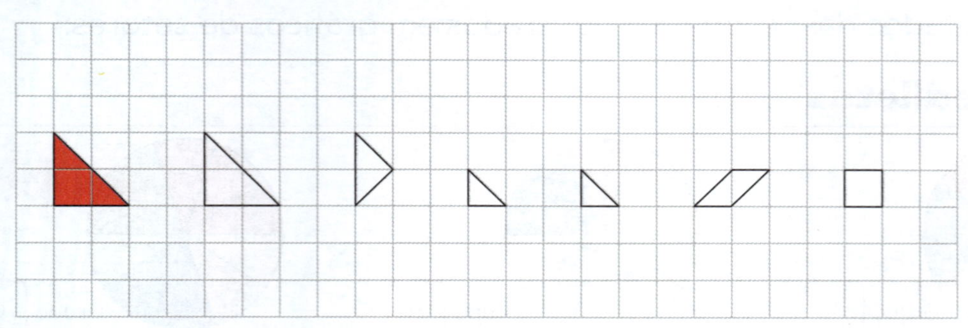

- Beto viu as peças desenhadas por Marina e resolver desenhá-las ampliadas. Observe uma das peças vermelhas que Beto desenhou.

Desenhe e pinte as demais peças mantendo a mesma proporção.

- Veja agora a figura que Marina montou com suas peças e desenhe a mesma figura com as peças de Beto.

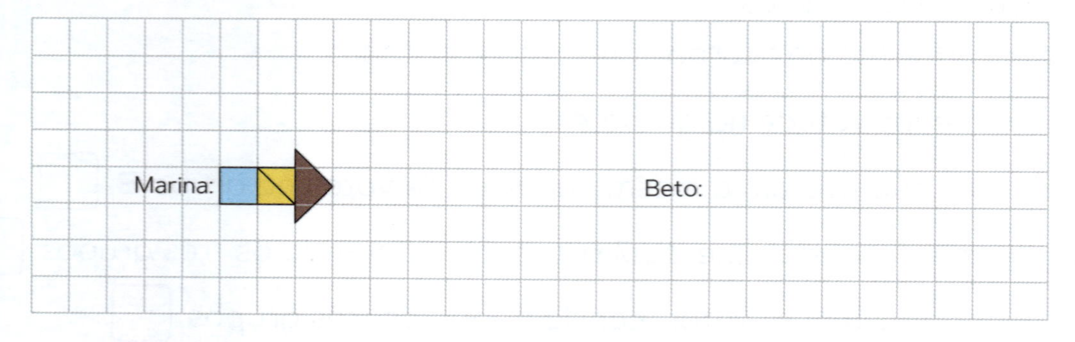

## MUDAR E CONFERIR

Em cada item, faça as mudanças sugeridas e indique os números obtidos. Depois, confira de acordo com a instrução.

a) Troque a posição dos algarismos do número 78.
Troque a posição dos dois algarismos maiores do número 547.
A soma dos números obtidos deve ser 832.

Números obtidos: ________ e ________.

Verificação:

b) Dobre o número 230.
Aumente 5 dezenas no número 310.
A diferença entre o 1º e o 2º números obtidos deve ser o menor número natural de 3 algarismos.

Números obtidos: ________ e ________.

Verificação:

c) Faça esta composição:
1000 + 200 + 40 + 6
Descubra qual é o sucessor de 622.
O menor dos números obtidos deve ser a metade do maior.

Números obtidos: ________ e ________.

Verificação:

d) Calcule $\frac{1}{4}$ de 80 e, depois, calcule $\frac{3}{5}$ de 25.

O resultado de $\frac{3}{4}$ do 1º número deve ser igual a $\frac{3}{5}$ do 2º número.

Números obtidos: ________ e ________.

Verificação:

# CÁLCULO MENTAL: NÚMEROS EM QUADROS COLORIDOS E DIAGRAMA

Inicialmente, efetue mentalmente as operações a seguir e escreva os resultados nos quadros coloridos.

$300 + 70 =$ ☐ $4 \times 150 =$ ☐

$243 - 4 =$ ☐ $1800 \div 2 =$ ☐

Agora, repita os números dos quadros com cores já usadas. Efetue mentalmente as novas operações para obter mais dois números em quadros coloridos.

☐ $- 200 =$ ☐ $816 -$ ☐ $=$ ☐

Finalmente, vamos conferir os cálculos com o diagrama abaixo. Os seis números que aparecem nos quadros coloridos devem aparecer nas linhas e colunas do diagrama.

Indique as cores correspondentes como já foi feito na coluna do meio. Escreva um algarismo em cada quadradinho.

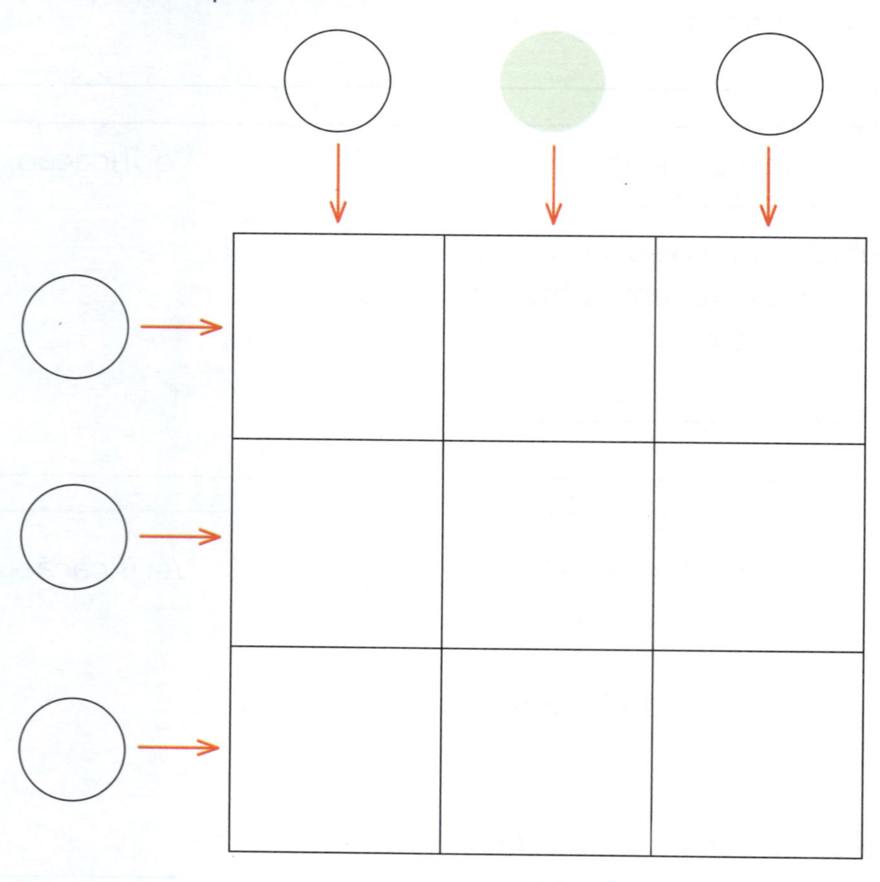

# É CERTEZA, É IMPOSSÍVEL, É POUCO PROVÁVEL OU É BASTANTE PROVÁVEL

Imagine que uma destas figuras vai ser sorteada.

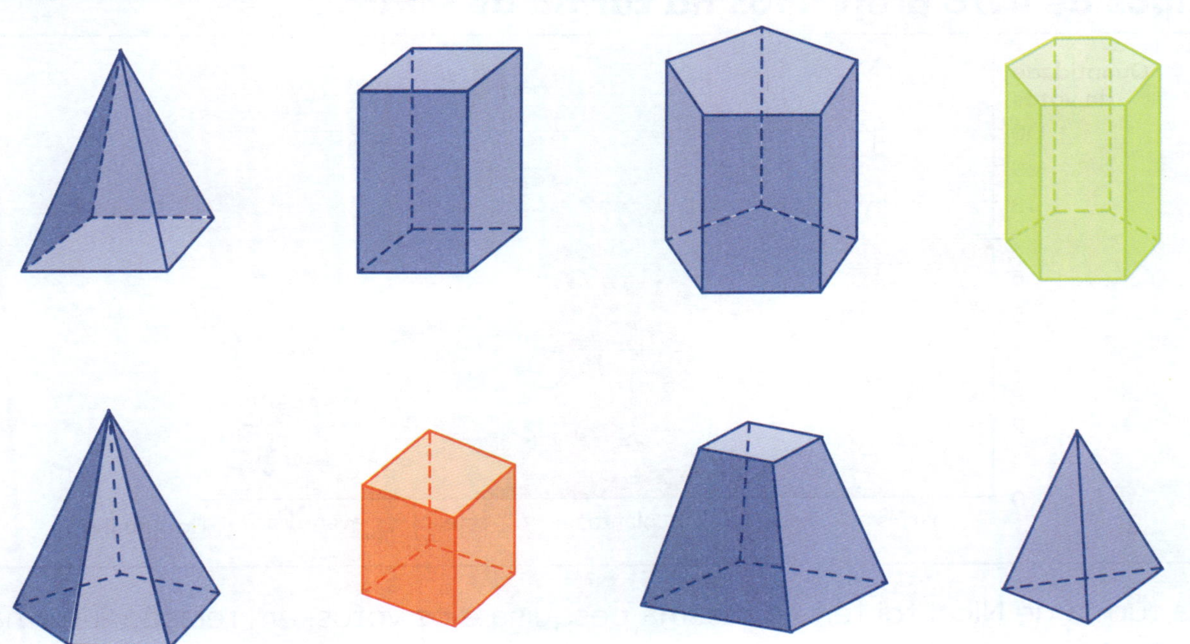

Complete cada item a seguir com a conclusão correspondente do título quando é feito o sorteio.

a) Sair um cubo: ______________________________.

b) Sair um cilindro: ______________________________.

c) Sair um sólido geométrico: ______________________________.

d) Sair uma figura com todas as faces planas: ______________________________.

e) Sair uma figura com mais de 6 vértices: ______________________________.

f) Sair uma figura com duas faces pentagonais: ______________________________.

g) Sair uma figura com exatamente 4 arestas: ______________________________.

h) Sair uma figura pintada de azul: ______________________________.

## CONSTRUINDO E INTERPRETANDO GRÁFICOS

Veja o gráfico dos resultados de uma pesquisa feita na turma de Pedro.

### Tipos de livro preferidos na turma de Pedro

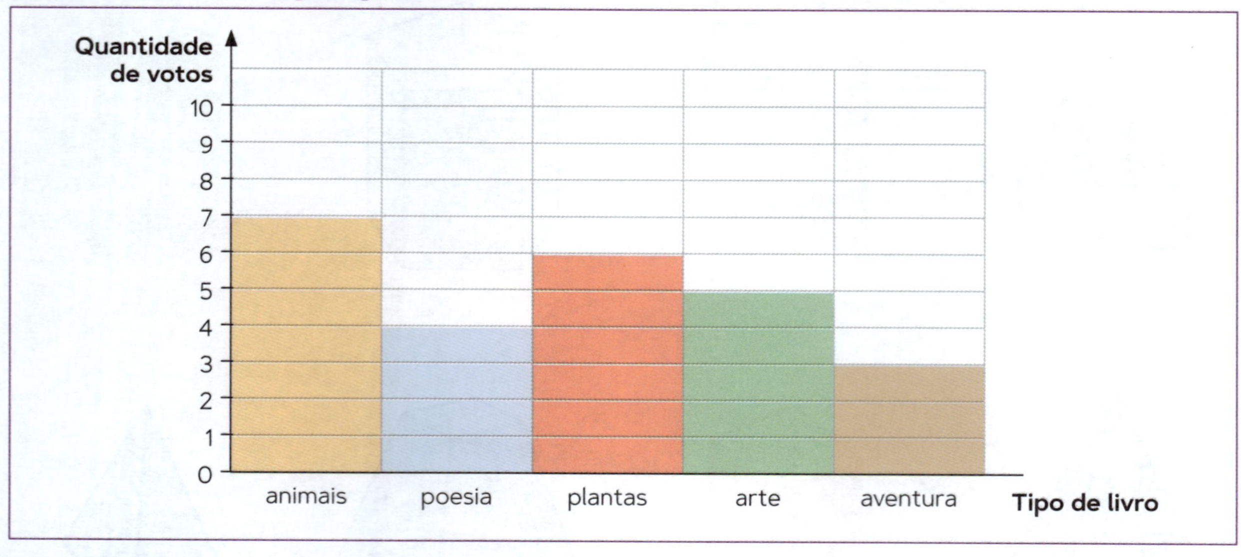


Na turma de Nice, foi feita a mesma pesquisa e os votos, em relação à turma de Pedro, mostraram o seguinte:

- o mesmo número de votos para livros de poesia e de arte;
- 1 voto a menos para livros de animais;
- a metade dos votos para livros de plantas;
- o dobro dos votos para livros de aventura.

Complete o gráfico abaixo para mostrar como foi a votação na turma de Nice.

### Tipos de livro preferidos na turma de Nice

## CÁLCULO MENTAL: CAÇA-OPERAÇÃO

Observe, no quadro abaixo, algumas operações que podem ser efetuadas mentalmente. Cada uma aparece em um quadrinho que você vai pintar.

- Pinte de verde os 4 quadrinhos que contêm operações de resultados iguais.
- Pinte de azul os 2 quadrinhos que contêm operações nas quais o resultado de uma é o dobro do resultado da outra.
- Pinte de amarelo os 2 quadrinhos que contêm operações nas quais o resultado de uma é o sucessor do resultado da outra.

| | | |
|---|---|---|
| $160 \div 4$ __________ | $42 + 48$ __________ | $395 - 305$ __________ |
| $6 \times 15$ __________ | $4 \times 30$ __________ | $84 - 43$ __________ |
| $49 + 11$ __________ | $900 \div 10$ __________ | $2 \times 53$ __________ |

Agora, copie e efetue a operação do quadro que não foi pintada:

______________________________

## FAIXA DECORATIVA: VAMOS COMPLETAR?

Descubra a regularidade e complete a faixa de acordo com ela.

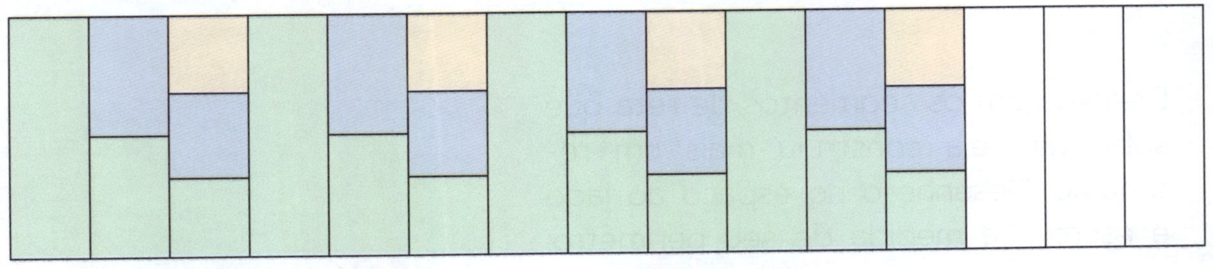

## É HORA DE CONSTRUIR POLÍGONOS!

Veja os segmentos de reta que Paula podia usar para construir polígonos. Eles estão desenhados em quadriculado de 1 cm.

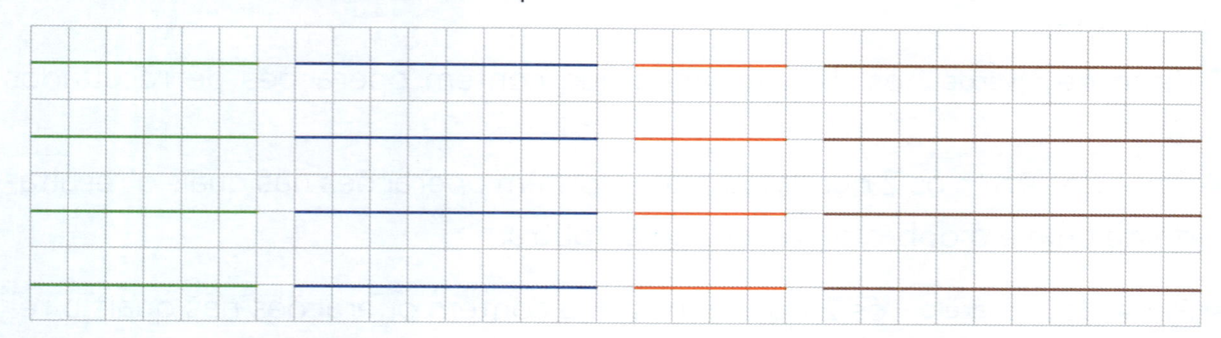

**a)** Escreva a medida de comprimento de cada segmento de acordo com a cor:

Verde: ______ cm. Azul: ______ cm. Laranja: ______ cm. Marrom: ______ cm.

**b)** Inicialmente, Paula desenhou um quadrado, com perímetro de 16 cm, e dois retângulos, um com medida de perímetro igual a 14 cm e outro igual a 10 cm.

Desenhe esses polígonos aqui.

**c)** Depois, com os segmentos de reta que sobraram, ela construiu mais um retângulo. Desenhe-o no espaço ao lado e escreva a medida de seu perímetro:

________ cm.

# CÁLCULOS ENVOLVENDO DINHEIRO

**1.** Usando frações e porcentagens.

Complete os resultados com as quantias correspondentes.

**a)** $\frac{2}{3}$ de R$ 18,00 ☐ + 50% de R$ 30,00 ☐ = ☐

**b)** $\frac{3}{4}$ de R$ 36,00 ☐ − 25% de R$ 20,00 ☐ = ☐

**c)** 3 × R$ 5,50 = ☐

**d)** R$ 1,00 ÷ 4 = ☐

**2.** Usando decimais.

Em cada item, descubra as duas quantias e, depois, o total delas.

**a)**

**b)**

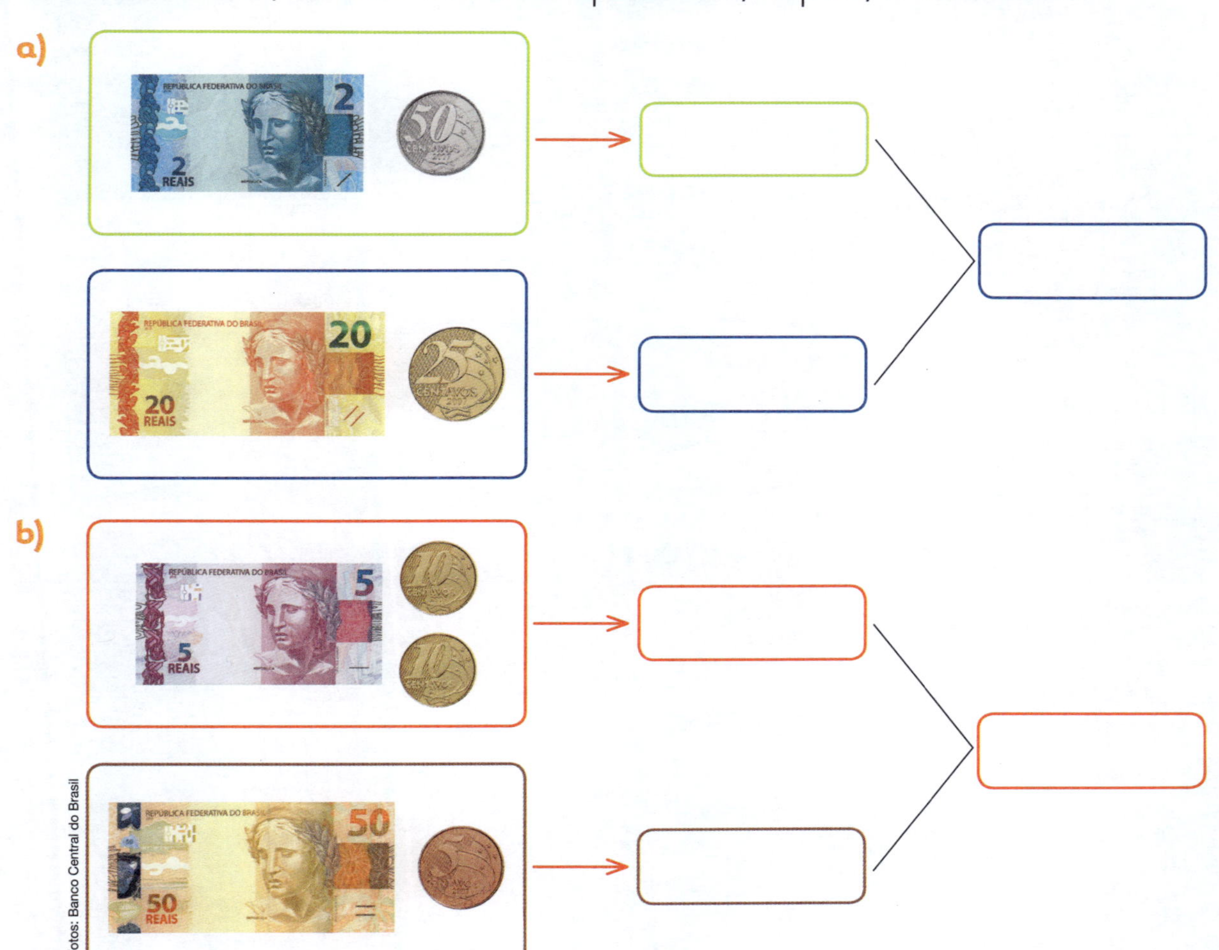

Fotos: Banco Central do Brasil

# REFERÊNCIAS

BRASIL. MEC. SEF. *Base Nacional Comum Curricular* – Matemática. Brasília, 2017.

BRASIL. MEC. SEF. *Parâmetros Curriculares Nacionais* – Matemática: primeiro e segundo ciclos do Ensino Fundamental. Brasília, 1997.

CARRAHER, T. N. (Org.). *Aprender pensando*. 19. ed. Petrópolis: Vozes, 2008.

DANTE, L. R. *Formulação e resolução de problemas de Matemática* – Teoria e prática. São Paulo: Ática, 2015.

KOTHE, S. *Pensar é divertido*. São Paulo: EPU, 1970.

KRULIK, S.; REYS, R. E. (Org.). *A resolução de problemas na Matemática escolar*. São Paulo: Atual, 1998.

POLYA, G. *A arte de resolver problemas*. Rio de Janeiro: Interciência, 1995.

POZO, J. I. (Org.). *A solução de problemas*: aprender a resolver, resolver para aprender. Porto Alegre: Artmed, 1998.

RATHS, L. *Ensinar a pensar*. São Paulo: EPU, 1977.